리더와 팔로워를 위한 질문 101

리더와 팔로워를 위한 질문
101?

김희봉 지음

자신에 대해, 관계에 대해, 일에 대해 던져 보는
101가지 질문에 하나씩 답하면서
저자와 함께 걸어가는 여정

인테그로

『휴먼웨어 101』 개정판에 대한 소고

　질문이 중요한 시대가 되었다. 단순한 질문이 아닌 학습이 이루어질 수 있는 질문, 성찰이 이루어지는 질문이 중요해졌다.
　질문을 한다는 것은 관심이 있다는 것을 의미한다. 또한 질문을 한다는 것은 생각하고 있다는 것을 의미하기도 한다. 게다가 질문을 한다는 것은 무언가를 해보겠다는 의지를 담고 있다고 볼 수 있다.
　잘 알고 있는 바와 같이 무엇을 질문하느냐에 따라 얻을 수 있는 답도 달라진다. 즉 올바른 답을 얻기 위해서는 올바른 질문을 해야 한다는 것이다. 이와 같은 질문은 리더와 팔로워들에게도 의미가 있다.
　『휴먼웨어 101』의 개정판을 내며 다시금 질문의 중요성과 올바른 질문 그리고 성찰적 질문에 대해 생각했다. 그리고 아주 평범한 일상에서 스스로에게 던지는 질문과 관계적인 측면에서의 질문은 물론, 하고 있는 일에서의 질문을 통해 한 사람의 개인이자 사회 및 조직 구성원으로서 기본적으로 갖추었으면 하는 생각을 독자들과 나눠보고자 했다. 또한 독자들도 바로바로 자신의 생각을 정리해 볼 수 있도록 보다 직관적인 질문으로 수정했다.
　이 책에서 질문만 한 것은 아니다. 스스로에 대해 어떻게 바라봐야 하는지 사람들과의 관계는 어떻게 만들어가야 하는지 자신이 하는 일에 대해서는 어떻게 접근해야 하는지 등에 대한 개인적인 경험과 사례는 물론, 객관적인 사실 등에 기반한 생각도 담았다.

　물론 질문에 대한 생각이 하나만 있는 것은 아니다. 즉 이 책에서 던진 질문에 대한 필자의 생각은 더 나은 생각을 위한 디딤돌 정도라고 할 수 있다. 이 책을 통해 질문에 질문을 더하고 생각에 생각을 더해간다면 더 나은 개인, 더 나은 조직 그리고 더 나은 사회가 될 수 있을 것이다.

　한편 이 책에서 제시된 질문들은 특정 세대나 직책에 국한되어 있지 않다. 미래를 준비하는 젊은이들에게도 필요한 질문이고 경험 많은 이들에게도 자신의 삶과 일을 다시 생각하게 해 줄 수 있는 좋은 안내서라고 할 수 있다. 혹 현재 선택의 기로에 서 있는 이가 있다면 스스로 방향을 선택하는 방법도 찾을 수 있다.

　그동안 답을 찾는 것에 많은 시간을 써왔다면 이제는 질문을 찾는 것으로 눈을 돌려볼 필요가 있다. 특히, 조직 내에서 리더의 역할 또는 팔로워의 역할을 수행하고 있다면 더욱 그렇다. 개인과 조직의 수준은 스스로가 던지는 질문의 수준과 생각의 범위를 넘지 못하기 때문이다.

　이런 측면에서 『리더와 팔로워를 위한 질문 101』이 개인과 조직 성장의 출발점이 되기를 바란다. 아울러 확장된 사고와 행동의 변화를 가져올 수 있는 계기가 되었으면 한다.

Prologue

 전쟁영화를 보면 정말 다급하게 사람을 찾는 장면을 많이 보게 된다. 그들이 그렇게 부르짖으며 찾고 있는 사람은 바로 의무병이다. 총탄이 빗발치는 전쟁터에서 부상을 당해 생명이 위급한 병사나 다른 사람의 도움 없이는 단 한 발짝도 움직일 수 없는 상황에 놓인 병사에게 가장 절실한 것은 바로 의무병이다. 이들이 그토록 절박한 순간에 의무병을 찾는 이유는 응급처치를 받을 수 있기 때문이다.

 의학적으로 응급처치는 즉시 필요한 조치를 받지 않으면 심신상의 중대한 위해가 초래될 것으로 판단되는 환자에게 우선으로 행하는 간단한 치료라고 할 수 있다. 질병의 유형이나 발생 과정에 관계없이 응급상황으로부터 환자의 생체징후를 안정시키는 것을 목적으로 하고 있지만 응급처치만으로 치료 행위가 종결되는 것은 아니다. 환자를 살리기 위해서는 응급처치 이후 행해지는 전문적인 치료가 필요하다.

 그런데 가만히 살펴보면 이러한 응급처치가 비단 환자에게만 필요한 것은 아니다. 이 시대를 살아가고 있거나 앞으로 살아가야 할 사람들에게도 필요하다. 의학적인 측면에서가 아니라 자아 성찰적인 측면, 관계적인 측면 그리고 일과 관련된 측면에서 그러하다. 『리더와 팔로워를 위한 질문 101』은 이와 같은 생각에서 비롯되었다. 그래서 독자들은 『리더와 팔로워를 위한 질문 101』이 자기 자신과 타인 그리고 일과 관련된 일종의 응급처치 키트(kit)라고 생각하면 좋겠다. 지금 당장 필요할 수도 있지만 필요한 상황에 처했을 때마다 사용해도 좋을 것이다.

 HRD와 리더십을 공부하고 연구하면서 20년이 넘는 시간 동안 군(軍), 대학교, 컨설팅사, 대기업 등의 조직에서 다양한 세대를 접한 경험을 바탕으로 응급처치 키트에 101편의 글을 담았다. 그리고 한 사람의 개인이자 사회 및 조직 구성원으로서 기본적으로 갖추었으면 하는 생각을 독자들과 나눠보고자 한다. 기본이나 입문을 의미하기도 하는 '101'이라는 숫자를 사용한 것에는 이런 의미도 있다.

 『리더와 팔로워를 위한 질문 101』에는 필자의 직·간접적인 경험과 사례는 물론, 객관적인 사실 등을 기반으로 스스로에 대해 어떻게 바라봐야 하는지 사람들과의 관계는 어떻게 만들어가야 하는지 그리고 자신이 하는 일에 대해서는 어떻게 접근해야 하는지에 대한 생각도 담겨 있다.

다시 전쟁터로 시선을 돌려보자. 부상을 당한 사람은 상태에 따라 응급처치만으로도 다시 정상적인 활동을 할 수 있지만 대부분의 경우 더 전문적이고 근본적인 치료를 받아야 한다는 것은 누구나 알고 있다. 응급처치가 곧 완벽한 치료는 아니기 때문이다.

응급처치만으로 모든 치료행위가 끝났다고 생각하는 것은 방치나 다름없다. 이와 같은 방치는 응급처치에 들어간 시간과 비용 그리고 노력이 허탈할 정도로 정작 아무런 효과도 얻을 수 없다. 결국 생명을 살리는 일이든 어떤 문제를 해결하기 위해서든 응급처치에 이은 근본적인 치료는 반드시 병행되어야 한다.

우리는 살아가면서 응급처치는 잘했는데 근본적인 치료를 하지 못해 상황을 악화시키거나 혹은 이와 반대로 응급처치만 잘했더라면 호전될 수 있는 상황을 놓친 경우를 수없이 접하게 된다. 물론 이 두 가지의 경우 모두 아쉬움과 후회만 남는다.

개인의 문제 역시 응급처치 이후 근본적인 치료를 미루거나 하지 않았을 때는 더 큰 문제를 불러일으킬 수 있다. 따라서 우리는 자기 자신과 관계 그리고 일과 관련된 부분에서 당장 응급처치가 필요한 곳은 없는지 살펴볼 필요가 있다. 이와 함께 예전에 응급처치라고 해 놓은 것을 지금껏 방치해 놓은 것은 없는지도 세세하게 살펴보아야 한다. 그리고 있다면 반드시 근본적인 치료를 해야 한다.

아울러 자신의 삶에 갑자기 들이닥친 응급상황에 대한 응급처치를 할 수 있어야 하는 것은 물론, 근본적인 치료를 할 수 있는 의지와 능력까지 구비해야 하겠다. 이를 위해 이 책은 독자들에게 자신의 삶, 관계, 일에 있어 일시적인 응급처치는 물론, 근본적인 치료를 위한 계기를 마련해주고자 한다.

총 3부로 구성된 『리더와 팔로워를 위한 질문 101』은 1부에서는 자신에 대한 질문, 2부에서는 관계에 대한 질문 그리고 3부에서는 일에 대한 질문으로 접근하고 있다. 첫 페이지부터 순서대로 읽을 필요는 없다. 독자마다 처한 상황이나 처지가 다름을 익히 알고 있다. 그러니 필요한 부분부터 먼저 펼쳐보면 된다. 『리더와 팔로워를 위한 질문 101』이 독자들의 삶과 관계 그리고 일과 관련된 측면에서 숨을 고르는 시간이자 업그레이드를 위한 시작점이 되었으면 한다.

추천의 글

성공하는 사람들이 갖고 있는 공통적인 특징은 무엇일까? 필자는 오랜 기간 동안 인재를 선발하고 육성하는 일을 기업과 대학에서 해 오면서 많은 사람들을 만날 수 있었다. 직장 성공의 교훈은 아무리 지능지수(IQ)가 높은 우수한 인재라도 죽어라 하고 주어진 일을 열심히 하는 사람을 못 이긴다는 것이다. 열심히 하는 사람은 주어진 일을 하늘이 주신 소명으로 생각하고 즐기며 일하는 사람이다. 그러나 이 사람도 오래 준비한 사람을 못 이긴다는 말이 있다. 그런데 오랜 기간 인내로 준비하는 사람도 이기지 못하는 사람이 있다. 그것은 살아가면서 누구를 만나는가에 달려있다는 인복(人福), 즉 사람 잘 만나는 복이 있는 사람이다.

문제는 인복은 그냥 있는데 다가오는 것이 아니라는 데 있다. 자신이 태어는 났지만 부모님을 마음대로 정할 수 없다. 진학하는 대학은 내가 정할 수 있지만 지도교수를 마음대로 정하기는 쉽지 않다. 직장은 내가 선택하지만 상사를 마음대로 정할 수 없다. 행복은 내 마음대로 정할 수 없는 사람들과의 관계에서 나온다. 대략 10여 명이 해당한다. 부모님, 가족, 학교 은사, 직장 상사, 절친, 아끼는 선·후배 등이다. 이 사람들과의 관계가 원만한가 여부에 따라 행복 여부가 결정이 된다. 그리고 행복과 갈등이 여기서 시작되는 경우가 많다.

반면 자신이 마음대로 할 수 있는 것이 있다. 이 중요한 사람들을 대하는 '태도'는 자신이 정하는 것이다. 적극적으로 대할 것인가 소극적으로 대할 것인가, 신뢰와 불신, 사랑과 미움, 칭찬과 질책 등에서 어느 쪽을 택하느냐가 행복 지수를 결정하게 된다.

이 책의 저자인 김희봉 박사를 오랜 기간 지켜본 필자는 그의 긍정적이고 낙천적인 성품을 잘 알고 있다. 상황을 긍정적으로 보는 눈, 위기나 어려움에서도 교훈을 찾는 '긍정적 합리화'가 내재화되어 있는 리더십 실천 전문가이다. 101가지의 일상에서 보여주는 사례를 보면서 저자가 제시하는 질문을 성찰해 볼 필요가 있다. 우리가 매년 12월 31일 달력을 떼고 1월 1일 새해

달력을 달면서 새해 희망을 기대하듯 좋은 결과를 얻고 싶으면 긍정적 합리화 또는 자성적 예언(self-fulfilling prophecy)을 해야 한다. 이 책의 저자가 던지는 질문은 바로 자성적 예언과 직결된다. 복이 오면 웃겠다가 아니라 웃다 보면 복이 온다는 식이다. 즉 긍정적 시각은 언젠가는 기회를 만들 수 있기 때문이다.

최근 경제 및 경영 환경이 매우 어렵다고 한다. 그러나 돌이켜 보자. 지나간 10년, 20년은 해마다 어렵다고 했다. 매년 비상이었고 전략 수정, 때로는 IMF 관리 체제 시절보다도 어렵다는 등 단 한 해라도 쉬웠던 해가 없었다. 그럼에도 성장한 기업들도 있다. 위기의식을 공포 의식이라고 보면 기회가 없다. 불확실성을 나쁜 것으로 생각하기보다는 판단하기가 어렵다는 뜻이라고 여기면서 성장의 기회를 찾는 회복탄력성이 중요하다.

저자는 새로운 비전, 미션으로 위기를 극복하자고 한다. 이 책은 Why, How, What 가운데 일을 왜(why) 하는가에 대한 목적, 의미, 본질을 되돌아보는 성찰의 시간이 필요함을 강조하고 있다. 이 책의 가장 큰 특징은 자신이 셀프 리더 또는 조직의 리더라도 꼭 되물어보아야 할 올바른 질문(right question)을 던져주는 것이다. 아주 평범한 일상에서 발견하는 인생 성공, 성장, 변화와 도전, 행복에 다가가기 위해 저자가 던지는 성찰적 질문(reflective question)이 인상적이다.

이 책은 예비 리더, 신임 리더, 경영관리자 등 누구에게나 관심사인 인생 성공과 실패는 결국 자신에게 달려있다는 설명과 저자의 일상 경험과 사례를 통해 보여주는 소소한 즐거움을 독자들에게 제공한다. 새롭고 또는 다양한 연상을 통해 가치의 재발견과 사고의 다양성을 느껴 보는 즐거움도 함께 하길 바란다.

송영수 교수 / 한양대학교, (前) 한양인재개발원장

∥ 목 차 ∥

『휴먼웨어 101』 개정판에 대한 소고 ·················· 4
Prologue ··· 6
추천의 글 ·· 10

1부 자신에 대한 질문 ······························· 18
2부 관계에 대한 질문 ······························· 122
3부 일에 대한 질문 ·································· 222

Epilogue ··· 326
이 책을 먼저 접한 분들이 전하는 글 ················ 328

001_ 나는 어디에서 행복을 찾는가? 20
002_ 나는 어떻게 본능을 극복하는가? 23
003_ 나의 모양을 어떻게 나타내고 있는가? 26
004_ 나는 어떤 기준으로 순서를 정하는가? 29
005_ 나는 시그널에 어떻게 반응하는가? 32
006_ 나는 어떻게 변화하는가? 35
007_ 나의 주변에는 어떤 사람들이 있는가? 38
008_ 나는 얼마나 클래시한가? 41
009_ 나는 어떤 발자국을 남기는가? 44
010_ 나는 어떤 도전을 하고 있는가? 47
011_ 나는 무엇을 보여줄 수 있는가? 50
012_ 나는 무엇에 관심을 갖는가? 53
013_ 나는 미로에서 어떻게 빠져나오는가? 56
014_ 나는 새로움을 추구하는가? 59
015_ 나는 카이로스의 시간에 살고 있는가? 62
016_ 나의 마이너리티 리포트는 무엇인가? 65
017_ 나는 변수를 어떻게 다루는가? 68
018_ 나에게 부여된 스탠딩 오더는 무엇인가? 71
019_ 나에게 보내는 메시지는 어디에 새겨져 있는가? 74
020_ 나는 무엇을 포기하는가? 77
021_ 나의 삶 속 안전장치는 무엇인가? 80
022_ 나는 어떤 라벨을 붙이고 있는가? 83
023_ 나는 어떻게 성찰하는가? 86
024_ 나의 시간을 어디에 투자하고 있는가? 89
025_ 나에게 주어진 역할을 어떻게 준비하는가? 92
026_ 나는 어떤 문제를 출제하는가? 95
027_ 나는 왜 배우는가? 98
028_ 나는 무엇을 어떻게 기록하는가? 101
029_ 나는 문제를 어떻게 조치하는가? 104
030_ 나는 누구를 만나고 다니는가? 107
031_ 나는 무엇을 고백할 수 있는가? 110
032_ 나의 스토리에는 어떤 단어들이 등장하는가? 113
033_ 나의 능력을 발휘하기 위해 무엇을 하고 있는가? 116
034_ 나는 언제 하데스의 모자를 쓸 것인가? 119

035_나는 어떻게 배려하고 있는가? ·· 124
036_나는 마침표와 느낌표를 얼마나 쓰고 있는가? ······················· 127
037_나는 하나 더 준비하고 있는가? ·· 130
038_나는 왜 팔로워가 되어야 하는가? ·· 133
039_나를 움직이게 만든 것은 무엇인가? ··· 136
040_나의 커뮤니케이션은 얼마나 스마트한가? ································ 139
041_나는 사람들을 어떤 관점으로 보는가? ······································ 142
042_나의 경쟁력은 무엇인가? ·· 145
043_나는 사랑을 실천하고 있는가? ·· 148
044_나는 무엇을 교환하고 있는가? ·· 151
045_나의 신뢰도를 어떻게 보여 줄 수 있는가? ································ 153
046_나는 어떻게 질문하는가? ·· 156
047_나는 어떻게 행복을 주고 있는가? ·· 159
048_나는 숨겨진 장점을 어떻게 찾아내는가? ···································· 162
049_나는 프로크루스테스의 침대를 어떻게 치우는가? ················· 165
050_나는 누구를 돋보이게 하는가? ·· 168
051_나의 시간은 누구를 위해 채워지고 있는가? ···························· 171
052_나는 어떤 이벤트를 준비하고 있는가? ······································ 174
053_나는 낯선 사람들을 어떻게 대하는가? ······································ 177
054_나에게는 어떤 덤과 에누리가 있는가? ······································ 180
055_나는 어떻게 나의 수준을 높이는가? ··· 183
056_나는 누구를 어떻게 닮아가고 있는가? ······································ 186
057_나에게는 어떤 쉬볼레트가 있는가? ··· 189
058_나는 어떤 거짓말을 하고 있는가? ·· 192
059_나의 시선은 균형적인가? ·· 195
060_나는 언제 '좋아요'를 누르는가? ·· 198
061_나는 갈등을 어떻게 관리하는가? ·· 201
062_나는 무엇을 양보하는가? ·· 204
063_나는 주변의 X-men을 어떻게 대하고 있는가? ······················· 207
064_나는 어떤 코드를 맞추며 살아가고 있는가? ···························· 210
065_나의 주소록에는 어떤 사람들이 있는가? ································ 213
066_나는 어떻게 관계를 만들어 가는가? ··· 216
067_나는 무엇을 카피하는가? ·· 219

068_ 나의 일은 누구를 행복하게 해 주는가? ··································· 224
069_ 나는 무엇을 할 때 설레는가? ·· 227
070_ 나의 일에 대해 어떻게 즐거움을 느끼는가? ······················· 230
071_ 나는 어떻게 생각하는가? ·· 233
072_ 나는 어떤 선물을 준비하고 있는가? ···································· 236
073_ 나는 어떤 장면을 만들어가고 있는가? ································ 239
074_ 나는 어떻게 스포츠맨십을 발휘하는가? ······························ 242
075_ 나에게는 어떤 렌즈가 필요한가? ··· 245
076_ 나는 어떻게 참여하고 있는가? ··· 248
077_ 나는 어떤 질문을 찾고 있는가? ··· 251
078_ 나의 일에는 어떤 맛이 있는가? ··· 254
079_ 나는 필요한 것을 어떻게 찾는가? ······································· 257
080_ 나는 창조하기 위해서 무엇을 하는가? ································ 260
081_ 나의 블루오션은 어디에 있는가? ··· 263
082_ 나는 어떤 선서를 하는가? ·· 266
083_ 나는 어떻게 문제를 해결하는가? ··· 269
084_ 나의 일과 삶은 얼마나 조화로운가? ··································· 272
085_ 나는 어떤 분야의 얼리어답터인가? ····································· 275
086_ 나는 언제까지 학습할 것인가? ··· 278
087_ 나는 어떻게 배워나가는가? ·· 281
088_ 나는 실패를 어떻게 대하고 있는가? ··································· 284
089_ 나의 역량을 어떻게 개발하고 있는가? ································ 287
090_ 나는 어떤 종류의 힘을 사용하는가? ··································· 290
091_ 나의 일을 어떻게 편집하고 있는가? ··································· 293
092_ 나의 일을 예술로 만들기 위해 무엇을 하는가? ················· 296
093_ 나는 어떤 질문을 주고받는가? ··· 299
094_ 나는 슬럼프에 대해 어떻게 생각하는가? ···························· 302
095_ 나는 왜 로그아웃을 해야 하는가? ······································· 305
096_ 나는 사소한 것을 어떻게 대하는가? ··································· 308
097_ 나는 어떻게 어색함을 찾아가는가? ····································· 311
098_ 나는 왜 허브가 되어야 하는가? ··· 314
099_ 나는 누구의 롤 모델인가? ·· 317
100_ 나의 일에는 어떤 리듬이 있는가? ······································· 320
101_ 나는 무엇을 만들고자 하는가? ··· 323

리·더·와·팔·로·워·를·위·한·질·문·1·0·1

1부

자신에 대한 질문

question _____ 001

나는 어디에서 행복을 찾는가?

"탕!"

한 발의 총성이 들렸고 프랑스의 명장인 나폴레옹은 총성과 동시에 쓰러졌다. 그러나 나폴레옹은 곧바로 일어섰고 자신의 군대를 진두지휘하면서 또 다른 승전보를 전하게 된다. 어찌 된 일이었을까?

나폴레옹은 총성이 울리기 바로 직전, 자신의 발아래에서 네잎클로버를 발견하고 이를 주우려고 엎드렸던 것이다. 덕분에 자신에게 향한 총알을 절묘하게 피할 수 있었고 이후 네잎클로버는 나폴레옹의 생명을 구한 행운의 징표가 되었다.

전투라는 급박한 상황임에도 불구하고 나폴레옹이 네잎클로버에 눈길이 간 이유는 일상에서 보기 드물었기 때문이다. 실제로 클로버로 뒤덮인 들판에서 네잎클로버를 찾기란 쉽지 않다. 하루 종일 허리를 굽히고 찾아 헤매어도 헛수고인 경우가 대부분이다. 반면 같은 장소에서 세잎클로버는 무수히 많다. 사실 거의 다 세잎클로버이다. 그런데 재미있는 것은 세잎클로버는 행복의 징표로 알려져 있다는 것이다.

  행운과 행복의 가장 큰 차이점이 여기에 있다. 우리가 그토록 원하는 행운은 눈을 씻고 찾아봐도 잘 보이지 않는다. 그런데 내 주변에는 온통 행복으로 가득 차 있다. 행복은 여러 가지로 정의되겠지만 내가 즐겨 쓰는 행복의 정의는 '나에게 있는 것을 즐길 수 있는 감정'이라는 것이다. 이미 내가 갖고 있는 것이기 때문에 그것을 즐기든지 내버려두든지는 나의 몫이다.

  그런데 가만히 생각해 보면 내가 가지고 있는 것은 정말 많다. 인적으로 보면 가족, 친구, 동료 등이 있고 물적으로 보면 옷, 신발, 휴대폰, 컴퓨터 등 일일이 열거하기도 힘들다. 물론 경우에 따라 내 주변에 있는 사람들보다 상대적으로 많을 수도 있고 적을 수도 있으며 큰 것을 가지고 있을 수도 있고 아닐 수도 있다.

  중요한 것은 지금 자신이 가지고 있는 것을 즐기고 있느냐이다. 아직 즐기지 못하고 있다면 내가 갖고 있는 것에 대한 즐거움을 생각해 보아야 한다. 그리고 보이지 않거나 존재하지 않는 행운을 찾기 위한 시간과 쓸모없는 노력을 더 이상 낭비하지 말아야 한다.

  사실 행운이라 불리는 네잎클로버는 클로버 계에서는 돌연변이다. 당연히 많지 않다. 반면 행복이라 불리는 세잎클로버는 주변에서 흔히 볼 수 있다. 이런 관점에서 일상의 주변을 돌아보면 행복한 점이 많다.

내가 일상에서 느끼는 행복 중 하나는 바로 나에게 칫솔이 있다는 것이다. 아침에 일어나서 그리고 식사 후에 혹은 기분이 안 좋을 때 하는 양치질은 정말 상쾌하기 짝이 없다. 몇 년 전 서울의 모 대학교 학생들을 대상으로 던진 '인류의 가장 위대한 발명품은 무엇인가?'라는 질문에 많은 학생들은 칫솔이라고 답한 적이 있다. 아마 이들은 일상에서 행복을 충분히 느끼는 학생들일 것임에 틀림없다.

행복은 바로 내 옆에 있다. 분명하다. 단지 내가 그것을 행복으로 느끼고 있느냐의 문제이다. 네잎클로버를 찾는 사람에게 세잎클로버의 발견은 허탈감을 안겨 주지만 관점을 바꿔본다면 일상이 행복으로 가득 차는 것은 시간문제다. 오늘은 나를 둘러싸고 있는 주변을 다시 한번 보면서 소소한 행복을 찾아보기를 권한다.

나는 어떻게 본능을 극복하는가?

2014년 여름, 대한민국은 단 한 번도 직접 본 적이 없는 이순신 장군의 리더십에 열광했다. 이른바 영화 '명량'의 열풍이 전국을 휩쓸고 간 것이다. 이는 이 시대를 살아 나가고 있는 많은 사람들이 필요로 하는 리더에 대한 갈망과 리더십에 대한 동경을 반영한 것으로도 풀이된다.

동서고금을 막론하고 우리가 추앙하는 리더들에게는 남다른 특징이 있는데 그것은 바로 그들은 본능을 이겨낸다는 것이다. 인간의 본능 중 가장 기본적인 것은 전쟁이나 천재지변 등과 같은 절체절명의 상황에서 나타나는 생존의 본능이라고 할 수 있다. 명량해전을 앞둔 이순신 장군은 '필사즉생 필생즉사(必死則生 必生則死)'라는 말로 이미 생존의 본능을 이겨냈다.

인간의 본능 중에는 생존의 본능뿐만 아니라 일상에서 우리가 마주하는 본능도 있다. 예를 들면, 식욕, 수면욕, 성욕 등 신체적인 본능도 있고 분노, 두려움, 걱정 등 감정적인 본능 그리고 과시욕, 소유욕, 명예욕 등 사회적인 본능도 있다.

일상에서 우리는 이와 같은 본능을 때때로 이겨내지 못하고 그대로 표현하는 경우가 많으며 본능에 따라 행동한 결과들을 많이 접해왔다. 대부분의 경우, 본능에 지배당했을 당시에는 편했을지언정 마무리는 좋지 않았다.

다이어트를 시도한 경우, 식욕이라는 신체적 본능과 타협해서 후회하기도 하고 중요한 파트너와 대화의 자리에서 감정을 통제하지 못해 일을 그르치는 경우도 있다. 또한 자신의 현 직책이나 직급에서 얻는 달콤함이나 보다 상위 직책으로 올라가기 위한 욕구에 눈이 멀어 부적절한 방법으로 접근함으로써 그동안 자신이 쌓아왔던 모든 것을 한순간에 잃는 경우도 종종 있다.

이와 같은 본능을 이겨낼 수 있는 방법 중 하나는 바로 자신의 미션(mission)을 생각해 보는 것이다. 개인의 미션은 한 마디로 '내가 왜 존재하는가?'에 대한 답이라고 할 수 있다. 내가 이 세상에 존재하는 이유를 알고 있는 사람은 자신이 어떤 행동을 해야 하는지에 대해 비교적 명확하게 알고 있으며 어떠한 상황에 처할지라도 주저하지 않는다. 또한 어려움이나 유혹이 있더라도 쉽게 빠져나올 수 있다.

자신의 미션을 알고 있거나 정하게 되면 자연스럽게 비전(vision)이 보이게 된다. 비전은 단순한 꿈이나 희망이 아니다. 비전은 '무엇을 통해 나의 미션을 완수할 수 있는가?'에 대한 답이다. 만일 자신이 사람들에게 행복을 주기 위해서 존재한다고 생각한다면 그 미션을 달성하기 위한 비전은 자신의 장점과 재능, 관심에 따라 교육, 사업, NGO 혹은 의료 등 다양한 분야에서 수립될 수 있다.

비전이 수립되면 이를 달성하기 위한 계획 또한 세울 수 있는데 이것이 바로 개인의 목표(goal)라고 할 수 있다. 목표를 시간상으로 구분하면 단기, 중기, 장기 목표 등으로 구체화하며 이를 하나하나 완수하는 과정이 곧 비전이 달성되는 과정이기도 하다.

당신에게는 당신의 본능을 이겨낼 수 있는 미션과 비전, 목표가 있는가? 당신에게 적어도 이 세 가지가 있다면 당신은 이미 그 일의 주인이고 그 분야의 리더로 성장하고 있음에 틀림이 없다.

question 003

나의 모양을 어떻게 나타내고 있는가?

어렸을 적에 색칠 공부를 한 기억이 있는가? 색칠 공부는 재미는 물론, 두뇌 회전, 소근육 발달 등 이런저런 이유로 인해 많은 이들이 한 번쯤은 해 본 경험을 갖고 있다. 최근에는 성인들도 스트레스 해소 등을 이유로 색칠하기에 대한 관심을 보이고 있다. 일명 컬러링 북(coloring book)의 열풍이 불고 있다. 그 소재도 단순한 그림에서부터 복잡한 명화에 이르기까지 다양하지만 이미 그려진 밑그림에 색을 칠해 모양을 나타내는 것에는 변함이 없다.

그러나 모양을 나타내는 방법은 그려진 모양 안에 색칠하는 것만 있는 것은 아니다. 주변을 색칠하면서 내가 나타내고자 하는 모양을 만들어 나갈 수도 있다. 두 가지 방법 중 어떤 것을 사용하든지 간에 모양은 나타나게 되어 있다.

예를 들어 도화지에 별 모양을 나타내려고 하면 직접 별 모양을 그려 안쪽부터 색칠하는 방법이 있는가 하면 주변부터 색칠해 가면서 점차 별 모양을 나타내는 방법도 있다.

대부분의 경우에는 첫 번째 방법, 즉 그려진 모양을 색칠하여 나타내는 것을 선호하고 또 이제껏 그렇게 길들어 온 것 같다. 미리 그려놓은 모양을 색칠하여 나타내는 편이 훨씬 수월하기 때문이다. 그러다 보니 완성된 모양의 크기나 형태는 자신의 생각이나 가치관 혹은 기존의 행동 방식 등 자신이 정해놓은 틀에서 크게 벗어나지 못한다.

이번에는 두 번째 방법을 생각해 보자. 모양 안에는 손을 대지 않으면서 주변을 색칠해 가는 것이다. 물론 모양을 나타내는 것에는 아무런 문제가 없다. 오히려 내가 원하는 모양을 나타내기 위해 주변에 대해 좀 더 신경을 많이 쓰고 관심을 보이며 주변과의 조화를 위해 노력하게 된다.

그사이 자연스럽게 내가 원하는 모양이 나타나기도 하며 때때로 내가 원하는 모양보다 더 아름답거나 크게 되기도 한다. 적어도 어떤 모양을 나타내기 위해 나만 생각한 것이 아니라 주변을 생각했기에 그 모양이 주는 의미는 남다르다고 할 수 있다.

그런데 모양을 나타내는 것은 비단 그림에만 국한되지 않는다. 요즘에는 셀프 브랜딩(self-branding)이라는 용어까지 나오면서 자신을 보다 잘 나타내고자 하며 이를 위한 다양한 방법들이 제시되기도 한다.

그렇다면 그동안 나는 어떻게 나의 모양을 나타내고 있었는지 생각해 보자. 혹시 나만의 형태와 테두리 혹은 색깔을 미리 정해 두고 나를 제외한 모든 사람이나 환경이 나에게 맞춰져야만 한다고 생각하고 행동하지는 않았는지 혹은 내가 정해 놓은 기준에 맞지 않는 모든 것을 배척하지는 않았는지 말이다.

다음으로는 지금까지 해왔던 나만의 모양 나타내기에서 벗어나 자신의 모양이 주변과의 조화를 이루고 있는지 혹은 내가 속해 있는 환경 속에서 어떤 모양을 하고 있는지 한 발짝쯤 떨어져 살펴보자. 이미 우리는 콜라보레이션의 시대, 조화의 시대에 살고 있다.

인간은 태어날 때 백지(tabula rasa)와 같은 상태라고 한다. 그 백지 위에 그려지는 나의 모양과 우리의 모양이 보다 아름다워지기 위해서는 모양을 나타내는 방법을 바꿔볼 필요가 있지 않을까?

question _____ 004

나는 어떤 기준으로 순서를 정하는가?

모든 일에는 순서가 있다고 한다. 같은 음식이라도 재료를 넣는 순서에 따라 맛이 달라지며 물건을 조립할 때도 순서를 지키지 않으면 불량품이 나온다. 또한 운전을 할 때도 순서를 무시하게 되면 교통 혼잡을 야기하게 된다.

이처럼 일상생활에서 순서를 지키지 않을 때 우리는 기대했던 것과는 다른 결과를 얻거나 다시 해야 하는 번거로움은 물론, 혼란에 직면하게 된다.

그래서 사람들은 이를 예방하기 위해 저마다 정해 놓은 순서를 지키거나 이미 정해진 순서가 올바른지 확인함으로써 좀 더 신속하고 편리하게 업무를 처리하고자 노력한다.

필자는 일전에 순서의 중요성을 보여주기 위해 투명한 용기와 물, 모래, 자갈, 큰 돌을 준비해 교육한 적이 있다. 용기에 이 모든 것을 담기 위해서는 큰 돌부터 넣은 다음 자갈, 모래, 물 순으로 넣어야 한다. 그렇지 않으면 준비된 것들을 모두 넣을 수 없다. 이 실험의 결과는 우리의 삶은 물론, 일에도 그대로 적용된다.

아는 것도 많고 경험도 적지 않은데 하는 일마다 잘 안 된다고 하는 사람들과 늘 시간에 쫓기는 듯 살아가는 사람들 그리고 차 한 잔 마실 여유조차 없다고 말하는 사람들의 일면에는 무질서가 자리 잡고 있거나 정해진 순서를 지키지 않았을 가능성이 있다.

또한 우리는 생활을 하면서 종종 순서를 지키지 않아 능력의 100%를 발휘하기는커녕 50% 정도도 보여주지 못하는 상황에 처하기도 한다. 이와 같은 상황에서 벗어나기 위해 우리는 지금까지 살아온 삶을 반추하며 그동안 자신이 따랐던 순서에 대해 반문해 볼 필요가 있다.

즉 나는 어떤 순서에 따라 일을 하고 생활해 왔는지 그리고 그 순서는 누가 정했고 어디에서 나온 것인지에 대해 심사숙고해 봐야 한다. 혹 내가 따르고 있는 순서가 잘못된 순서이거나 현실에 맞지 않는 순서라면 과감히 바꾸는 결단력과 용기를 발휘할 필요도 있다.

그리고 '나만의 순서'를 다시 만들어야 한다. 나만의 순서는 다른 사람이 만든 순서가 아니라 내가 추구하는 삶을 살기 위한 순서이자 내가 하고자 하는 일을 이루기 위해 필요한 순서라고 할 수 있다.

이와 같은 기준으로 나만의 순서를 정하면 지금 당신이 하고 있거나 앞으로 하려고 하는 일의 우선순위가 달라질 수도 있다. 만일 우선순위가 달라졌다면 비로소 당신은 당신의 삶과 일에 있어 중요한 것을 찾은 것일 수도 있다. 축하할 일이다.

  이제는 시간이 없었다거나 능력이 없다거나 여건이 불비하다는 등의 변명이 통하지 않는 시대다. 자신이 갖고 있는 시간과 능력의 순서를 어떻게 정하고 통제하느냐에 따라 내가 추구하는 것과 이루고자 하는 것들을 순차적으로 모두 담을 수 있기 때문이다.

question 005

나는 시그널에 어떻게 반응하는가?

카나리아는 사람이 기르는 애완용 새 중 가장 오랜 역사를 가지고 있는 새로 알려져 있다. 사람들은 카나리아의 맑고 아름다운 울음소리를 가까이에서 듣기 위해 수백 년 전부터 사육하기 시작했다.

그러나 한편으로는 다른 목적으로 카나리아를 찾는 이들이 있었는데 그들은 바로 광산에서 일을 하는 광부들이었다. 카나리아와 함께 광산에 들어간 이들은 카나리아의 울음소리가 들리지 않으면 일을 멈추고 밖으로 나와야 했다. 호흡기가 민감한 카나리아가 울지 않고 죽게 되면 광산 내에 유독가스가 많아졌고 산소가 부족하다는 신호이기 때문이다. 그래서 광산 속 카나리아는 위기의 전조를 나타내는 바로미터(barometer)로 표현되기도 한다.

이와 같은 광산 속 카나리아는 우리의 일상에서도 얼마든지 찾을 수 있다.

일상적인 측면에서 보면 운전 중 안전벨트 미착용에 대한 경고등과 같은 신호나 교통신호등의 황색 신호는 분명히 카나리아의 울음소리이다. 운전 중 안전벨트를 하지 않거나 황색 신호에 가속 페달을 밟으면 위험하다는 것인데 이를 무시하고 주행하게 되면 큰 사고가 나는 것이다.

조직적인 측면에서도 카나리아의 울음소리를 들을 수 있다. 동료 간에 대화가 줄어들거나 갈등이 증가하는 모습 그리고 일에 대한 관심이나 의욕이 줄어드는 현상 등은 조직 내 유독가스가 증가하고 있다는 신호로 받아들이기에 충분하다.

사회적으로는 어떠한가? 어떤 상황이나 문제가 발생했을 때 이에 대한 여론이나 전문가의 의견 등은 결코 무시할 수 없는 카나리아의 울음소리임에 틀림이 없다.

그러나 우리는 종종 일상적, 조직적, 사회적으로 울려 퍼지는 카나리아의 울음소리에 귀를 기울이지 않거나 이를 무시함으로써 낭패를 보는 경우가 있다. 지나고 나면 후회와 아쉬움이 밀려온다.

개인적인 측면으로 넘어가면 더 많은 카나리아들이 당신의 주변에서 울고 있음을 발견하게 된다. 공부해라, 운동해라, 독서해라, 자기개발에 힘써라, 주변을 돌아봐라, 상대방을 배려해라, 매너를 지켜라, 긍정적으로 바라봐라, 미래를 준비해라 등 일일이 열거하기도 힘들 정도이다.

물론 많은 사람들은 자신의 주변에서 들리는 카나리아의 울음소리를 놓치지 않고 이에 맞는 행동을 취한다. 자신에게 다가올 수 있는 위기를 미리 알고 미연에 방지하는 것이다.

그런데 또 다른 많은 사람들은 이와 같은 카나리아의 울음을 잔소리로 받아들이기도 한다. 그동안 숱하게 들어왔던 말이기도 하지만 지금 당장 나에게 다가오지 않기 때문이다. 그래서 그동안 해왔던 대로 익숙한 대로 행동한다. 그러나 그 결과는 그리 만족스럽지 않다.

다행스러운 것은 여전히 당신 주변에서 카나리아의 울음소리를 들을 수 있다는 것이다. 부모님, 선생님, 직장 상사나 동료 또는 후배, 친구 등은 당신의 카나리아임에 틀림이 없다. 그들의 소리에 귀 기울일 필요가 있다. 그리고 그에 맞는 행동을 취해야 한다.

question 006

나는 어떻게 변화하는가?

"체중을 감량하지 않으면 위험할 수도 있습니다."

대략 10여 년 전쯤 필자의 건강검진 결과를 펼쳐서 보고 있는 의사로부터 들은 말이다. 의사의 말에 순간적으로 걱정과 불안으로 가득 찬 여러 가지 생각들이 뇌리를 스쳐 지나갔다. 이후 필자가 한 행동은 집 근처 피트니스센터로 가서 1년 정기 회원 등록을 한 것이다. 운동을 시작한 지 3개월 정도가 지날 무렵, 약 10kg 정도가 감량되었다. 그리고 지금까지 약간의 변동은 있지만 지속적으로 운동하고 있으며 감량된 체중을 유지하고 있다.

다이어트의 성공 사례를 이야기하고자 하는 것이 아니다. 어떻게 하면 변화에 성공할 수 있는가에 대한 이야기이다. 변화에 성공하는 것이 쉽지는 않지만 그렇다고 어려운 것도 아니다.

개인이 변화에 성공하기 위해서는 객관적인 데이터에 의한 자극, 변화를 위한 방법 선택, 지속적인 점검이라는 세 가지 단계가 순환되어야 한다.

시간을 거슬러 올라가 보면 필자는 과체중에 대한 여러 가지 자극을 받아왔다. 살을 빼라는 가족과 친구들의 말은 물론, 뉴스를 비롯한 각종 매체에서 언급하는 중년 남성의 과체중 문제 등에 이르기까지 다양한 경로를 통해 자극을 접해왔다. 이와 같은 자극은 공감은 되지만 실행으로 이어지는 것에는 다소 부족함이 있었다. 공감을 넘어 실행으로 이끈 자극은 다름 아닌 필자의 건강검진 결과, 즉 필자의 건강 상태에 대한 객관적인 데이터였다.

그러나 잘 알다시피 자극만으로 변화되기는 어렵다. 자극이 실행으로 이어지기 위해서는 타인이 아닌 자신 스스로 변화의 방법을 선택해야 한다. 체중을 감량하는 방법은 다양하지만 자신이 선택한 방법이 아니라면 중도에 포기할 확률이 높다. 그래서 필자는 시간, 비용 등 여러 가지 상황을 고려해서 변화를 위한 방법으로 피트니스 센터를 선택했다.

이후 필자는 매일 운동하기 전과 운동을 한 후 지속적으로 체중을 점검하면서 그 결과에 따라 식사량을 조절하거나 운동량을 늘리는 행동을 이어갔다.

몇 개월간의 운동에 따라 가시적인 결과가 나타나자 성취감과 함께 찾아온 손님이 있었는데 그것은 '그동안 열심히 했으니 이제는 쉬엄쉬엄해도 되지 않을까?'라는 안일한 생각, 즉 매너리즘이었다. 다행히 필자는 이와 같은 매너리즘을 또 다른 자극이라고 할 수 있는 한 장의 포스터를 보고 극복했다. 피트니스 센터 입구에 붙여진 포스터의 제목은 바로 영화 '명량'을 패러디한 '감량'이었고 '신에게는 아직 12kg의 체지방이 남아있습니다.'라는 부제가 달려 있었다.

  개인의 변화, 그것이 크건 작건 변화하고자 하는 의지만으로는 쉽지 않다. 변화하고자 한다면 스스로에 대한 성찰이 선행되어야 한다. 그리고 자신을 객관적으로 바라보고 인정하는 것을 비롯해서 변화의 방법을 스스로 선택하고 변화의 과정을 지속적으로 점검해야 한다. 변화에 성공한 사람들은 이와 비슷한 과정을 겪었고 변화의 성패는 주변 환경이나 상황이 아닌 자신에게 달려있음을 잘 알고 있다.

question _____ 007

나의 주변에는 어떤 사람들이 있는가?

늦은 밤이나 이른 아침에 운전을 하다 보면 정지 신호임에도 불구하고 도로를 달리는 자동차를 종종 보게 된다. 아마도 그 운전자는 행인이 없거나 마주 오는 차가 없기 때문에 지나가도 괜찮을 것이라고 생각했기 때문일 것이다. 그런데 이와 같은 현상은 좀처럼 멈추지 않고 계속된다. 앞서가던 차량이 교통신호를 무시하고 지나치게 되면 뒤따라오던 차량 역시 같은 우를 범하게 되는 것이다.

운전자뿐만이 아니다. 횡단보도 앞에 서 있는 행인에게도 도로를 달리는 차량이 없으면 빨간색 신호등은 녹색 신호등과 구별되지 않는다. 신호등과 관계없이 좌우를 살펴보고 건너는 것이다. 주변에 서 있던 사람들도 한두 사람의 무단횡단을 목격하게 되면 그것이 잘못된 줄 알지만 자연스럽게 그 행동에 동참한다. 한두 사람의 잘못된 행동이 주변 사람들에게도 전염되고 있는 것이다.

그렇다면 반대의 경우는 없을까? 버스정류장에서 버스를 기다리는 사람들은 표시된 선이 없어도 자연스럽게 앞에 서 있는 사람 뒤로 줄을 선다. 굳이 줄을 서야 한다는 말이나 표시가 없어도 자연스럽게 그 행동에 동참한다. 이 역시 한두 사람의 바람직한 행동이 주변 사람들에게 영향을 미치는 것이다.

이처럼 개인의 행동은 부지불식간에 불특정 다수에게 영향을 주기도 하고 받기도 한다.

특히, 함께 하는 시간이 많은 사람들 간에는 더 큰 영향을 주고받는 것으로 알려져 있는데 그 이유는 함께 있는 시간이 많은 사람들 간에는 일종의 정서적 동질성이 형성되기 때문이다.

정서적 동질성이란 어떤 조직에 속한 구성원들의 질이 같거나 거의 비슷한 특성을 의미하며 이는 하버드대학의 니콜라스 크리스타키스 박사의 연구에서도 제시된 바 있다.

이런 측면에서 보면 지금까지 당신이 보여주었던 사고방식이나 행동은 그동안 함께 했던 사람들로부터 기인했을 가능성이 크며 앞으로 당신의 모습은 어떤 사람을 만나느냐를 넘어 지금 어떤 사람들과 함께 있는가를 통해 조심스럽게 예측해 볼 수 있다.

또한 당신이 어떻게 생각하고 행동하는지에 따라 당신과 함께 있는 사람들의 생각과 행동에 영향을 미친다는 측면에서 볼 때 당신은 공식적으로든 비공식적으로든 당신이 속한 조직 내에서 변화관리자(change agent)로서의 역할을 수행하고 있다는 사실도 인식해야 한다.

주변을 둘러보자. 당신 주변에는 어떤 사람들이 있는가? 매사에 긍정적이고 적극적이며 행복을 느끼는 사람들이 많은가? 만일 그렇다면 당신 역시 그들과 다르지 않은 생각과 행동을 많이 할 것이다. 이른바 긍정과 행복에 대한 정서적 동질성이 형성되었기 때문이다. 물론 반대의 경우도 있을 수 있다. 이는 부정과 불평의 정서적 동질성이 형성된 경우이다.

당신은 어떤 이들과 함께 있고 싶은가? 당신으로 인해 달라진 주변은 어떤 모습이었으면 하는가? 결정했으면 당신부터 그렇게 생각하고 행동해야 한다. 당신의 선택이 당신을 그곳으로 안내할 것이고 당신과 같은 선택을 한 사람들이 그곳에 모일 것이다.

나는 얼마나 클래시한가?

하이든의 고별 교향곡은 처음에는 관현악단 모두가 함께 연주하지만 한 악장이 끝날 때마다 한두 사람의 연주자가 자신이 연주하던 악기를 가지고 무대를 떠나고 결국 맨 마지막에는 지휘자만 남아 연주를 마치게 된다.

이 장면을 보고 있노라면 처음에는 의아해하다가 점차 입가에 미소가 절로 지어진다. 관현악단의 퍼포먼스치고는 생소하면서도 재미있기 때문이다.

그러나 하이든이 이 곡을 작곡하게 된 배경을 듣고 나면 생소함과 재미를 넘어 '클래시(classy)'한 느낌이 든다. 클래시는 세련되고 격조가 있는 경우에 사용되는 영어 표현이다.

하이든은 자신과 함께 연주하는 관현악단원들의 휴가가 종종 취소되거나 계속 연기되어 이들이 쉴 수 없음은 물론, 불평과 불만이 많아지고 있다는 것을 알게 된 후 이를 해결하기 위한 방법의 일환으로 이 곡을 작곡하고 무대에 올렸다.

하이든은 자신이 가지고 있던 불만과 관현악단원들에게 필요한 것을 직접적으로 표현하기보다는 간접적이지만 세련되고 격조가 묻어나는 방법으로 표현한 것이다. 그 결과 이 곡을 들은 관계자들은 하이든과 관현악단 단원들의 기대에 부응하는 조치를 취했다. 하이든의 클래시한 언행이 서로에게 긍정적인 결과를 가져온 것이다.

그런데 만일 하이든이 보다 단순하고 쉬운 방식으로 생각하고 말하고 행동했다면 어떻게 되었을까? 즉 불만이 있는 경우 그 상황에 대한 문제점을 일일이 열거하면서 그 자리에서 바로 직설적으로 표현하거나 해결책을 요구했다면 말이다.

아마도 그랬다면 서로의 입장만 내세운 주장이나 의견만이 오고갔을 가능성이 크고 그 결과 서로에 대한 감정의 골만 깊어졌을 것이며 궁극적으로는 서로가 원하는 결과를 얻어내기 어려웠을 것이다.

지금부터는 우리도 잠깐 하이든이 되어보자. 당신은 개인 간 혹은 조직 내에서 불편하거나 불만 가득한 상황에 처했을 때 어떻게 생각하고 말하고 행동하는가?

일상에서 하이든과 같이 클래시한 언행을 하는 것은 그리 어려운 일만은 아니다.

먼저 만일 당신이 불편하거나 불만족스러운 상황에 처하게 되었다면 이를 평면적으로 바라볼 것이 아니라 입체적으로 바라볼 필요가 있다. 조금 더 거시적인 관점에서 현상을 바라보는 것이다. 당신의 눈앞에 있는 상황은 빙산의 일각인 경우가 많다. 수면 밑에 있는 여러 가지 상황이나 배경, 이유 등이 보이지 않는다고 해서 무시하거나 간과해서는 안 된다.

다음으로 당신의 감정보다 이성에게 우선권을 주어야 한다. 감정이 이성을 앞서는 순간, 당신의 언행이 세련되고 격조 있게 나타날 가능성은 줄어든다. 오히려 그나마 있던 세련미와 격조마저 상실될 수 있다. 화내고 후회했던 경우를 떠올려보면 쉽게 이해된다.

마지막으로 상대방에게 문제가 되는 상황을 주입하려 하지 말고 스스로 인식하게 만들어야 한다. 스스로 인식하게 만들기 위해서는 직언 등 직접 화법보다는 비유 등 간접 화법이 보다 효과적이며 상대방의 감정에 상처를 남기지 않는다. 우리가 성인이 된 지금도 우화를 통해 깨닫는 점이 많지 않은가?

성공적인 삶을 살았거나 지금 살아 나가고 있는 사람들은 대부분 자신이 처한 불편한 상황을 클래시하게 대처해 왔다. 불평이나 불만을 끓어오르는 감정보다는 고요하고 냉정한 이성으로 해결했으며 손이나 발이 아닌 지혜를 사용한 것이다. 이런 측면에서 볼 때 클래시한 언행은 약자의 속성이 아니라 강자의 속성이며 현재를 살아 나가는 우리가 갖추어야 할 속성이지 않을까? 오늘부터 클래시한 당신이 되어보는 것은 어떤가?

question   009

나는 어떤 발자국을 남기는가?

　자신과의 싸움에서 승리한 사람들은 남다른 발을 가지고 있다. 지금도 인터넷상에서 쉽게 접할 수 있는 발레리나 강수진 씨의 발이 그렇고 국가대표 축구선수였던 박지성 선수의 발이 그렇다. 우리 곁에 조금 더 가까이에 있는 사람들로 보자면 부모님의 발도 마찬가지이다. 이들의 발에는 그동안의 노력과 삶의 흔적이 고스란히 담겨 있지만 겉으로 드러나는 손과는 달라서 직접 살펴보지 않는 한 어떤 모습인지 추정조차 하기 힘든 경우가 많다.

　그래서 세족식과 같은 의식에서 상대방의 발을 씻기려고 처음 보는 순간, 많은 사람들은 흠칫 놀라게 되는 경우가 적지 않고 상대방의 노고와 수고에 대한 감사와 존경 어린 눈물을 흘리기도 한다.

　가만히 생각해 보면 우리의 두 발은 태어나면서부터 쉴 새 없이 움직이는 것이 사실이다. 태어나자마자 발 도장을 찍는 것으로부터 시작해서 많은 사람들의 발은 아침에 일어난 후 잠자리에 들기 전까지 한시라도 편안하게 있는 경우가 많지 않다. 그래서 몸에 걸치는 옷과는 달리 신발은 제 발에 맞는 편안한 것을 찾는지도 모른다.

그런데 이러한 발이 갖는 의미는 신체적인 측면에만 국한되지 않는다. 개인적인 측면에서 보면 우리는 어떤 직책을 맡거나 일을 할 때 '이 분야에서 족적을 남기고 싶다'라고 표현하기도 하고 자신의 삶에 긍정적인 영향력을 미친 사람들을 떠올리며 '그분들의 발자취를 따라가고자 한다'라는 방식으로 표현하기도 한다. 이는 곧 자신의 발길이 닿는 곳이나 닿을 곳에 남다른 의미가 있기 때문이다.

또한 그 사람의 발이 지금까지 어떤 길을 밟아 왔는지를 통해 그동안 어떤 삶을 살아왔는지를 유추해 볼 수도 있고 지금 어느 곳에 발을 딛고 있는지를 통해 현재 어떤 삶을 살고 있는지를 알 수도 있다. 그리고 앞으로 어디로 발걸음을 향할 것인지를 통해 미래에 어떤 삶을 살 것인지를 가늠해 볼 수도 있다. 이처럼 우리에게 있어 발은 신체적인 측면뿐만 아니라 개인적인 측면에서도 여러 가지 의미를 지닌다.

필자가 수년 전에 접한 후 해마다 연말연시가 되면 되뇌어 보는 시가 있다.

눈 덮인 길을 걸어 갈 때는 함부로 어지럽게 걷지 마라.

오늘 내가 남긴 발자국이 훗날 뒷사람의 이정표가 될 것이니.

(踏雪野中去 不須胡亂行 今日我行蹟 遂作後人程)

서산대사의 답설(踏雪)이라는 시이다. 이 시는 첫 출발의 시점에 서 있는 이들은 물론, 무엇인가를 마무리하는 시점에 서 있는 이들에게도 울림이 있는 메시지를 주고 있다.

당신은 올 한 해 어떤 발자국을 남겼는가? 그리고 아직 아무도 걷지 않은 내년에는 어떤 발자국을 남기고 싶은가? 이와 함께 당신을 뒤따르는 이에게 당신의 발자국이 충분한 이정표가 될 수 있도록 앞으로는 한 발 한 발 더 신중하게 내디뎌 보는 것은 어떤가?

나는 어떤 도전을 하고 있는가?

 답안지에 답이 제대로 기입되었는지를 확인하는 순간 이상한 점을 발견했다. 분명히 각 문제마다 소위 말해 찍은 것 없이 문제를 읽고 답을 표시했는데 특정 문항부터 연속적으로 같은 답이 체크되어 있었던 것이다.

 그 순간 머릿속에는 여러 가지 생각이 떠오른다. 혹시 내가 문제를 잘못 이해하고 답을 표시한 것은 아닌가 하는 생각에서부터 문제를 출제한 분이 같은 답이 연속적으로 나오도록 출제하지는 않았을 것이라는 근거도 없는 추측을 하게 된다.

 더 심각한 경우는 이와 같은 생각이나 추측에서 멈추지 않고 이미 구한 답을 무시한 채 전체적으로 답의 비율이 맞지 않으면 하나둘씩 임의로 조정을 하는 것이다. 예를 들면 사지선다형 문제로 제시된 20개의 문항 가운데 10개 문항의 답을 1번으로 표시했다면 스스로 강제 조정에 들어가는 것이다. 1번 답이 전체 답의 50%를 차지할 리는 없다는 생각 때문이다.

물론 이렇게 했을 경우 결과는 대부분 후회로 귀결된다. 그 이유는 이미 자신이 알고 있는 것과 알고자 하는 것으로 채워진 도전의 영역을 알지 못하는 것과 알 수 없는 것으로 가득 찬 도박의 영역으로 바꿔 놓았기 때문이다.

이와 같은 상황은 일상에서 발견되는 도박사의 오류이다. 도박사의 오류란 주사위를 던질 때마다 짝수와 홀수가 나올 확률은 매번 50%라는 것을 알고 있음에도 불구하고 홀수가 연속해서 3번 나왔다면 다음번에도 홀수가 나올 것이라고 생각하고 홀수에 돈을 거는 것이다. 거꾸로 홀수가 연속해서 3번 나왔으니 이번에는 짝수가 나올 것이라고 생각하고 짝수에 돈을 거는 것 역시 도박사의 오류이다.

우리가 일상에서 도박사의 오류에 빠지는 순간은 비단 시험문제를 접했을 때만이 아니다. 어디인가에 투자를 하는 경우나 무엇인가를 시도하는 경우에도 종종 이와 같은 오류에 빠진다.

도박사의 오류에 빠진 이들이 자연스레 내뱉는 말 중 하나는 예전에도 그랬다, 원래 그렇다 그리고 지금까지 잘 되었으니 앞으로도 잘 될 것이다 혹은 지금까지도 잘 안되었으니 앞으로도 될 리가 없다는 것 등이다.

이들에게 공통점이 있다고 한다면 잘 알지도 못하고 확인하지도 않은 영역에서 막연한 기대감을 갖거나 지레짐작해서 시도조차 하지 않고 포기하는 것이라고 할 수 있다.

  이는 우리의 삶으로도 확장되는데 삶의 목적과 나아갈 방향을 정하지 않거나 자신이 잘 알고 있는 것과 잘할 수 있는 것이 무엇인지를 모른다면 우리의 삶은 매번 도전이 아닌 도박을 해야 하는 상황에 처해질 수 있다.

  우리의 삶에서 도박사의 오류를 제거하기 위한 방법 중 하나는 어떤 의사결정의 상황에 처했을 때 내가 잘 알고 있는 영역인지 혹은 잘 알지 못하는 영역인지를 구별하는 것이다. 잘 알고 있거나 알고 싶은 영역이라면 도전해야 하고 만일 잘 알지 못하는 영역이라면 섣불리 결정할 것이 아니라 전문가의 조언을 구하거나 여러 가지 경로를 통해 해당 영역에 대해 알아본 후 도전해야 한다.

  도박사의 오류에서 벗어난 삶은 도전하는 삶이다. 도전하는 삶은 자기 주도적이고 진취적이며 성장하는 삶이 된다. 또한 도전하는 삶은 미래를 만들어 나가는 삶이 된다. 당신은 도전하는 삶을 살고 있는가?

question 011

나는 무엇을 보여줄 수 있는가?

어떤 분야 또는 조직에서 성공한 사람들의 공통점이 있다면 그것은 바로 그동안 보이지 않았던(invisible) 것을 보일 수 있게(visible) 했다는 것이다.

20세기에 들어서면서 학자 및 연구자들은 그동안 보이지 않았던 물질들을 보여주기 시작했다. 1901년 스웨덴 스톡홀름에서 열린 제1회 노벨상 수상식에서 빌헬름 뢴트겐은 X선의 발견으로 노벨 물리학상을 수상했다. 이후 물리학 분야에서는 방사선, 전자현미경, 레이저 그리고 생리학 및 의학 분야에서는 DNA, CT, MRI 등을 발견하고 개발해 낸 이들이 주인공이 되었다. 이들 덕분에 우리는 이전에 비해 보다 나은 삶을 살고 있다는 것을 부인하기 어렵다.

20세기에서 21세기로의 변화는 데이터(data)를 보여주기 시작한 사람들과 그 맥을 같이 한다. 대표적으로는 구글, 마이크로소프트 등 IT 기반의 기업을 창업한 이들을 필두로 수많은 데이터 관련 기업의 CEO들이 탄생하면서 이른바 빅 데이터(big data)의 시대로 접어드는 전환점이 되었다. 지금은 이들이 만들어내고 보여주는 데이터가 없는 전략이나 마케팅, 분석 등을 상상하기 어려울 정도로 그 활용 범위가 넓게 퍼져 있다.

21세기가 되면서 사람들은 네트워크(network)를 보여주었다. 트위터(twitter), 페이스북(facebook), 집카(zipcar) 등을 통해 구체적으로 보이기 시작한 네트워크는 개인 삶의 방식과 가치 그리고 비즈니스의 영역에 일대 혁신을 가져온 것을 비롯해서 개인과 조직의 글로벌화를 가속시키고 사회의 변화를 주도하고 있다고 해도 과언이 아니다.

그렇다면 앞으로는 무엇을 보여주어야 성공할 수 있을까?

필자는 보여주어야 하는 것 중 하나를 마음(mind)이라고 생각한다. 열정적인 마음, 적극적인 마음, 사랑하는 마음, 진실된 마음, 주인 된 마음 등은 분명히 당신에게 있지만 잘 보이지 않는 것들 중 하나임에 틀림이 없다. 그리고 잘 보이지 않았기에 우리는 흔히 상대방이 자신의 마음을 몰라준다고 표현하는 것 같기도 하다.

물론 이와 같은 마음을 보이게 만들기란 쉽지 않다. 일례로 경력이나 자격증만으로 당신의 열정적인 마음을 보여주기에는 부족함이 있다. 또한 "할 수 있습니다."라는 외침만으로는 당신의 적극적인 마음을 보여주는 데 한계가 있다.

그래서 필자는 당신의 마음을 보여줄 수 있는 방법 중 하나로 바로 당신의 스토리(story)를 만들어 볼 것을 제안해 본다. 특히, 사실(fact)에 기반한 스토리, 그 당시의 느낌이나 감성(feeling)이 깃들여진 스토리 그리고 맥락상 흐름(flow)이 있는 스토리는 당신의 마음을 보여주기에 나쁘지 않다.

보이지 않는 것을 보이게 만드는 것, 그것이 바로 능력이다. 우리가 익히 들어 알고 있는 각계각층의 성공한 사람들은 잘 보이지 않는 그들의 마음을 사명(mission)이라는 이름으로, 비전(vision)이라는 이름으로 보여주었고 최근 들어서는 스토리(story)라는 이름을 통해 자신의 마음을 보여주고 있다.

이제 당신도 당신의 마음을 보여줄 때가 되었다. 그리고 당신의 마음이 제대로 보여진다면 그것은 성공의 첫 단추가 될 수 있다.

question   012

나는 무엇에 관심을 갖는가?

당신이 무엇인가에 대해 관심을 갖게 되는 경우는 언제인가?

가만히 생각해 보면 크게는 두 가지 경우에 처했을 때 관심을 갖게 되는데 그중 하나는 스스로 필요하다고 느꼈을 때이고 다음은 누군가로부터 필요하다고 들었을 때인 것 같다.

어떤 경우이든지 간에 일단 관심이 생기면 평상시에는 보이지 않았던 것들이 보이기 시작한다.

일례로 스마트폰에 대해 자의에 의해서건 타의에 의해서건 관심을 갖게 되면 주변에 있는 각종 스마트폰들의 디자인, 성능, 색상 등이 눈에 들어온다. 또한 각종 매체를 통해 광고되고 있는 스마트폰 역시 다시 보게 된다. 물론 당신이 다시 보고 있는 스마트폰들이 그동안 없었던 것은 아니다. 단지 관심이 생기면서 유난히 새롭게 보이는 것이다.

관심이 생기면 새롭게 보이는 것만으로 끝나지 않는다. 해당 제품에 대해 비교와 분석이라는 것을 시작하게 된다. A사의 제품과 B사의 제품 그리고 경우에 따라서는 C사의 제품 간 가격 및 각종 사양 등을 분석하고 주변의 평을 듣기도 한다.

그 결과 자신에게 최적화된 제품을 선택하게 되고 결국 머지않은 시일 내에 선택한 제품을 소유하게 된다. 이와 같은 과정은 비단 스마트폰과 같은 제품에 국한되는 것이 아니라 거의 모든 분야에서 동일하게 나타난다.

만일 당신이 자의에 의해서건 타의에 의해서건 사회적인 기부나 기증에 대한 관심을 갖게 된다면 이와 관련된 기관이나 단체, 혹은 방법 등이 보이기 시작하고 당신이 할 수 있는 범위 내에서 실행으로 옮겨질 것이다. 또한 당신이 동료를 비롯해서 주변 사람들에 대해 관심을 갖게 된다면 평소에는 보이지 않았던 상대방의 장점이나 매력을 비롯해서 상대방이 처한 상황이나 어려움이 눈에 띄게 되고 이에 대한 도움을 주고받을 수 있다.

그렇다면 관심의 대상을 사회적 측면이나 대인적 측면에서 벗어나 개인적 측면인 자기 자신으로 바꾸어보면 어떻게 될까? 결과는 마찬가지이다. 즉 관심을 갖게 되면 실행과 성취로 이어질 수 있다는 것이다.

자신 또는 자신이 하고 있는 업무에 대한 관심을 갖게 되면 내가 잘하는 것, 잘하고 싶은 것 등이 무엇인지에 대해 생각하게 되고 상대적으로 부족한 것은 무엇인지에 대해 분석하게 된다. 그리고 이를 위해 무엇이 필요한지 또는 무엇을 준비해야 하는지에 대해서도 진지한 고민이 이루어진다. 이 과정에서 그동안 헛되이 쓴 시간에 대한 반성은 물론, 무엇에 집중해야 하는지도 보다 명확해질 수 있다.

단순하지만 관심을 갖는 것이 실행을 이끌어내고 실행을 통한 성취의 시작임에 틀림이 없다. 문제는 관심을 갖고 있느냐이다. 관심을 갖지 않으면 앞서 말한 대부분의 과정이 일어나지 않으며 당연히 실행과 성취도 묘연해진다.

당신의 삶, 직장 혹은 사회적으로 성취하고자 하는 것이 어떤 것이든 간에 그 시작은 당신의 관심부터라는 점을 잊지 말자.

question 013

나는 미로에서 어떻게 빠져나오는가?

방향만 잃지 않으면 목적지까지 가는 것은 큰 문제가 없을 것이라고 생각했다. 그래서 나침반도 있고 지도도 있는 것 아니겠는가?

이렇게 생각하고 목적지가 있는 방향만 확인한 채 미로(maze) 입구에 들어섰다. 입구에 들어서니 이미 많은 사람들이 지나갔을 것으로 여겨지는 길도 보였다.

미로에 들어서기 전 확인한 방향으로 발걸음을 옮겼다. 목적지로 향하는 길에 여러 갈림길이 나왔고 선택은 필자의 감에 맡기기로 했다. 그렇게 한참을 걸었는데 목적지는 나타나지 않았다. 오히려 이미 지나왔던 곳을 다시 지나게 되는 상황에 처하게 되었다. 한두 번은 그럴 수 있다고 생각했지만 시간이 흘러가고 먼저 목적지에 도착한 사람들의 환호성을 들으니 마음이 조급해졌다.

이쯤 되니 필자와 비슷한 상황, 즉 미로 속에서 빠져나오지 못하고 같은 자리를 빙빙 돌고 있는 사람들도 눈에 보이기 시작했다. 필자를 비롯해서 많은 사람들이 공통적으로 내뱉는 말도 귀에 들어왔다.

"분명히 이 길이 맞는데", "이쪽이라니까", "거의 다 온 것 같은데"

그런데 대부분 이런 말들은 미로를 빠져나와 목적지를 찾는 데 도움이 되지 않는다. 그렇게 말한 사람들을 얼마 지나지 않아 미로 속에서 다시 만나게 되니 말이다. 그렇다면 어떻게 해야 미로에서 빠져나와 목적지에 도착할 수 있을까?

먼저 입구에 들어서기 전에 지도를 펼쳐 확인할 필요가 있다. 이미 들어선 후 한참을 헤매다 지도를 펼치는 것은 크게 도움이 되지 않는다. 자신의 위치를 모르니 어디로 가야 하는지 알 수가 없기 때문이다.

만일 지도가 없다면 갈림길이 나타날 때마다 자신이 선택했던 길을 표시하라고 권하고 싶다. 만일 자신이 선택한 길이 더 이상 이어지지 않는다면 다시 돌아와서 이전에 선택한 길과는 다른 길을 가는 것이다. 시행착오는 있을지언정 같은 실수를 반복하지는 않는다.

또 다른 방법으로는 먼저 목적지에 도착한 사람들에게 물어보는 것이다. 그들은 당신이 처한 상황을 이미 경험했고 실수도 해봤으며 장애물이 있다면 이를 극복해서 목적지에 다다른 사람들이다. 반대로 미로 속을 당신과 같이 헤매고 있는 사람들에게 물어보는 것은 크게 도움이 되지 않는다. 당연한 말이지만 그들은 미로 속을 헤매고 있는 당신과 크게 다를 바가 없기 때문이다.

이는 비단 오락이나 관광용으로 인위적으로 만들어진 미로뿐만 아니라 일상의 삶이나 일을 하면서 빠지는 미로에도 적용된다.

　삶과 일에 있어 당신이 생각하는 목적지까지 가고자 한다면 첫째, 이와 연계된 목표와 단계 그리고 경로를 표시한 지도를 그려야 한다. 일종의 비전 맵(vision map)이다. 기존에 그려진 지도가 있다면 다시 한번 면밀하게 살펴볼 필요도 있다. 가는 길이 어렵거나 복잡해 보여도 사전에 지도를 살펴보고 연구한다면 같은 자리에서 맴도는 일은 방지할 수 있다.

　둘째, 자신만의 성찰 노트를 마련해야 한다. 삶이나 일이 그리 만만하지 않기 때문에 예상치 못한 난관에 처하거나 장애물에 봉착할 수도 있다. 문제는 유사한 난관이나 장애물을 반복적으로 만나게 되는 경우다. 이를 방지하기 위한 방법 중 하나는 과거의 실수나 실패의 원인을 살펴보고 과거와는 다른 방식이나 방법으로 접근하는 것이다.

　셋째, 앞서가는 이들의 조언을 구하는 것에 망설임이 없어야 한다. 부모님을 비롯해서 선생님, 선배, 상사 그리고 경우에 따라서는 동료나 후배에게도 조언을 구할 필요가 있다. 더 빨리 더 멀리 갈 수 있음에도 불구하고 자신의 고집이나 자만으로 인해 미로에서 빠져나오지 못한다면 너무나 안타까운 일이다.

　당신이 혹 미로 속에 갇혀 있거나 미로 속으로 들어가야 하는 상황이라면 앞서 제시한 방법들을 고려했으면 한다.

나는 새로움을 추구하는가?

학창 시절 운동회의 하이라이트는 단연 계주경기였던 것으로 기억된다. 이는 모든 종목별 경기가 끝나고 난 후 전교생이 모인 자리에서 경기가 진행된다는 점과 그 어느 종목보다 열띤 응원전이 벌어진다는 점 그리고 배정된 점수가 많아 역전 또는 종합우승의 기회를 엿볼 수 있다는 점 등이 있기 때문이다. 그러기에 경기에 참가하는 선수들은 자기 반에서 나름대로 달리기가 빠르거나 잘 뛴다고 인정받은 이들로 선발된다.

출발을 알리는 신호와 함께 달리기 시작한 선수들의 순위는 이내 드러난다. 그렇지만 일단 트랙 위에 올라 달리고 있는 선수들은 출발 직후 자신이 어떤 순위에 처해 있든지 간에 결승선에 이르기 전까지 포기하지 않는다. 이는 보는 눈도 많고 스스로의 자존심도 이를 허락하지 않기 때문이기도 하지만 처음에 정해진 순위가 마지막까지 유지되는 것이 아니라 자신이 어떻게 하느냐는 물론, 다른 선수들이나 여러 가지 요인들로 인해 시시각각으로 바뀔 수도 있다는 것을 알기 때문이다.

　이와 같은 계주경기는 이제 운동회를 넘어 많은 조직에서 벌어지고 있다. 개개인 역시 계주경기에 참가하는 선수와 비슷한 상황에 많이 노출된 듯하다. 그 상황은 하나의 단일 목표에 여러 명이 뛰어가는 상황이며 순위가 정해져 승자와 패자가 갈리게끔 만들어진 상황이기도 하다. 또한 스스로가 발 빠르게 움직여 앞서가고 있는 주자를 빠르게 쫓아가야 하는 패스트 팔로워(fast follower)로서의 역할에 처한 상황이기도 하다.

　이러한 상황 속에 놓여 있는 많은 사람들은 승자가 되기 위해 또는 우위를 차지하기 위해 'best one'이 되자고 외쳐왔고 되려고 노력했다. 그 결과, 값진 성공과 성취도 있었지만 드러내고 싶지 않은 실패나 아픔도 있었고 개인의 피로도 역시 급증했다.

　그런데 지금은 상황이 많이 달라지고 있다. 우리는 하나의 단일 목표가 아닌 각기 다른 여러 개의 목표가 존재하는 상황 속에 놓여 있으며 승자와 패자를 만들어내기보다는 승자와 승자를 만들어내고자 하는 상황에 처해 있다. 또한 패스트 팔로워보다는 퍼스트 무버(first mover)로서의 역할에 대한 기대가 더 큰 상황 속에 살고 있기도 하다.

　이런 상황에서는 'best one'을 넘어 'new one'이 필요하다. 'new one'은 앞서 나가는 선수와 같은 트랙을 달리고 있으면 절대로 추월할 수가 없다는 것은 물론, 그 선수 옆에서 함께 뛸 수도 없음을 잘 알고 있는 사람이다. 그래서 그는 알려지지 않은 분야를 찾고 새로운 영역을 만들어가고자 하며 남들과 다른 방법으로 문제를 해결하고자 시도한다.

'new one'이 되기 위해서는 먼저 '왜?'라는 물음과 친해져야 한다. 그리고 일상과 주변에서 자연스럽게 받아들여지고 있는 상황을 다른 각도와 위치로 옮겨 다니면서 다시 볼 필요가 있다. 새로움은 발견에서 시작되기 때문이다.

당신은 개인적으로 혹은 조직에서 여전히 'best one'이 되기 위해 노력하고 있는가? 그렇다면 이제는 당신을 나타내는, 당신이 하고 있는 일이나 방식에 'new'라는 수식어를 붙여 본다면 어떨까?

question _____ 015

나는 카이로스의 시간에 살고 있는가?

'언제 끝나지?', '몇 시간이나 더 걸릴까?', '얼마나 더 해야 하는 거야?'라는 말이 자신도 모르게 입 밖으로 나오는 경우가 있다. 아마도 이 말은 그 당시에 지루함을 느끼거나 하고 있는 일에 별다른 의미를 찾지 못했을 때 자연스럽게 나오는 듯하다. 이와 같은 말들은 우리가 크로노스(Chronos)의 시간 속에 살고 있을 때 많이 하게 된다.

크로노스의 시간은 우리 모두에게 적용되는 객관적 시간이자 양적(quantitative)인 시간을 의미한다. 누구에게나 하루는 24시간이고 1주일은 7일인 것처럼 크로노스의 시간은 모두에게 동일하게 주어진 시간이다. 사람이라면 그 누구라도 이 시간으로부터 자유로울 수는 없다.

크로노스의 시간 속으로 들어가게 되면 시간을 물리적으로 나누는 것에 익숙해진다. 그래서 무엇인가를 해야 하는 상황에 놓이게 되면 자연스럽게 개략적인 일정을 만들고 시간 계획표를 짜게 된다.

물론 계획한 대로 잘 안되는 경우도 많은데 그때마다 일정과 계획표를 수정하는 것을 반복한다. 만일 이 시간에서 벗어나지 못하게 된다면 매번 계획만 세우다가 끝날 수도 있다.

반면 '벌써 시간이 이렇게 지났어?', '시간 가는 줄 몰랐네.'라는 말이 자연스럽게 나오는 경우도 있다. 이와 같은 말은 보통 무엇인가를 진심으로 즐기거나 집중했을 때 나오게 된다. 이러한 말들은 우리가 카이로스(Kairos)의 시간에 살고 있을 때 자주 하게 된다.

카이로스의 시간은 크로노스의 시간과 달리 개인별로 차이가 있는 주관적 시간이자 질적(qualitative)인 시간을 의미한다. 크로노스의 시간에서는 하루가 24시간일지 몰라도 카이로스의 시간에서는 하루가 25시간도 될 수 있고 30시간도 될 수 있다. 그 이유는 카이로스의 시간은 스스로 찾고 만들어내는 시간이기 때문이다.

카이로스의 시간 속으로 들어가게 되면 몰입이라는 것을 경험하게 된다. 이는 물리적으로 같은 시간이 주어졌을지라도 크로노스의 시간 속에 있을 때보다 카이로스의 시간 속에 있을 때 상대적으로 더 많은 생각과 집중 그리고 다양한 경험을 할 수 있게 된다는 것을 의미한다. 또한 몰입을 하게 되면 아주 짧은 시간일지라도 매우 효과적인 결과를 얻게 되며 시간적 여유도 생기기 마련이다.

그런데 안타깝게도 우리는 카이로스의 시간보다는 크로노스의 시간 속에 머무르는 경향이 많다. 카이로스의 시간이 우리 눈에 잘 보이지 않기 때문이기도 하다.

크로노스의 시간을 넘어 카이로스의 시간 속으로 가기 위해서는 하고자 하는 일에 대한 목적이 명확해야 하며 이를 달성하기 위한 구체적인 목표가 있어야 한다. 아울러 목적과 목표에 대해 스스로가 공감해야 한다.

당신은 크로노스의 시간에 살고 있는가 아니면 카이로스의 시간에 살고 있는가? 크로노스의 시간에 사는 것은 어쩔 수 없는 일이지만 카이로스의 시간에 사는 것은 선택의 문제이다. 지금부터라도 당신의 시간을 크로노스의 시간이 아닌 카이로스의 시간으로 바꾸어보면 어떨까?

question 016

나의 마이너리티 리포트는 무엇인가?

 자신에게 죄가 없음을 증명하기 위해 존 앤더튼(톰 크루즈 분)이 절실하게 찾았던 것이 있다. 그것은 의도적이든 비의도적이든지 간에 자신을 포함해 많은 사람들이 자연스럽게 무시했던 마이너리티 리포트(minority report)였다.

 영화의 한 장면이기는 하나 결과적으로 그는 자신의 마이너리티 리포트를 찾아냈고 이를 통해 자신에게 씌워졌던 누명에서 벗어날 수 있었다. 그동안 별거 아니라고 생각했던 마이너리티 리포트가 영화 속 주인공인 존 앤더튼의 운명을 바꾼 것이다.

 현실에서는 어떨까? 경우에 따라 존 앤더튼처럼 자신의 운명을 바꿀 수도 있는 자신만의 마이너리티 리포트를 찾고자 하는 사람은 얼마나 될까?

 소수의 의견이나 생각 정도로 해석해 볼 수 있는 마이너리티 리포트는 일반적으로 다수의 의견에 묻히게 되는 경우가 많다. 또한 소수의 의견은 다수의 의견에 비해 영향력이 크지 않아 특별히 귀를 기울이게 되는 경우도 많지 않다. 게다가 소수의 의견은 상대적으로 듣기가 거북한 경우도 적지 않아 의도적으로 사장시키거나 무시하기도 한다. 그러다 보니 현실에서 소수의 의견을 찾거나 들으려는 이를 자주 볼 수 없는 것은 어찌 보면 당연해 보인다.

그러나 우리는 자신에게 해당되는 마이너리티 리포트를 찾고 이를 수용하기 위한 노력을 해야 한다. 동서고금은 물론, 개인과 조직을 막론하고 마이너리티 리포트가 종종 해결하기 어려웠던 문제의 본질을 꿰뚫어 문제 해결의 실마리가 되거나 위기에 처한 상황에서 극적인 전환점을 마련했기 때문이다.

개인에게 있어 마이너리티 리포트는 여러 가지 형태로 나타난다. 가족 또는 친한 친구, 동료가 전하는 조언이나 뼈 있는 한마디 등은 언어적 형태를 지닌 마이너리티 리포트라고 볼 수 있다. 물론 바로 수긍하고 받아들이기 어려울 수도 있으나 결코 무시하거나 가볍게 다루어서는 안 될 내용이다. 당신에게 이와 같은 리포트를 제공하는 사람은 당신이 생각하는 것 이상으로 당신에 대한 많은 고민과 관심 그리고 애정이 있는 사람이기 때문이다.

학창 시절 생활기록부에 기재된 내용이나 일기, 지인과 주고받은 편지, 개인적으로 작성한 메모 등 당신에 대해 글로 남겨진 기록은 문서화된 형태의 마이너리티 리포트이다. 경우에 따라서는 펼쳐보기 부끄럽거나 기록된 내용이 민망할 수도 있겠지만 이 역시 당신이

유심히 봐야 할 리포트임에는 틀림이 없다. 당시에는 몰랐겠지만 일정 시간이 흐른 뒤에 살펴보면 당신 스스로를 객관적으로 볼 수 있게 만들어 주기 때문이다.

이제부터 당신이 해봐야 할 일은 언어적 형태로 혹은 문서의 형태로 당신에게 제공되거나 이미 손에 쥐고 있는 당신의 마이너리티 리포트를 건성으로 훑어보는 것이 아니라 소중한 자료로 인식하고 제대로 살펴보는 것이다.

혹시 아는가? 당신의 마이너리티 리포트 속에 그동안 잘 풀리지 않던 문제 해결의 실마리가 있거나 자신의 미래를 바꿀 만한 단초가 숨어 있을지.

question 017

나는 변수를 어떻게 다루는가?

1XX2X20X5, X6XXX87, XX14X2X, 0X02, X0X6, X67, X78.

무엇을 나타내는 것으로 보이는가? 얼핏 보면 첩보영화에서 나올 법한 암호 같기도 하고 특정 제품들의 모델명처럼 보이기도 한다.

위에 나열한 숫자들은 개인정보보호 측면에서 몇몇 숫자들을 알파벳 문자로 대체하기는 했지만 필자의 삶을 둘러싸고 있는 숫자들 중 일부를 제시한 것이다.

이 중에는 학번, 군번, 사번 등과 같이 학교나 조직에 들어가면서 부여받은 숫자도 있고 결혼기념일과 가족의 생일을 나타내는 숫자도 있다. 또한 개인적으로 활동하고 있는 SNS의 팔로워 수를 비롯해서 휴대폰에 저장된 연락처의 개수도 있다.

일상에서 심심치 않게 마주쳤던 숫자들이지만 이렇게 펼쳐 놓고 보니 숫자 그 자체가 가지고 있는 의미를 넘어 새롭게 보이는 것이 있다.

그것은 개인의 삶 속에는 변하지 않은 숫자(상수, invariable

number)와 변하는 숫자(변수, variable number)가 있다는 것이다. 그리고 조금만 더 들여다보면 변하지 않는 숫자는 대부분 자신이 선택할 수 없는 숫자인 반면, 변하는 숫자는 자신이 선택할 수 있는 숫자라는 점도 알 수 있다.

변하지 않는 숫자들 중에는 개인의 생애사적인 측면에서 날짜로 표현되는 각종 기념일 등과 같은 숫자들이 있다. 이러한 숫자들은 다른 숫자와는 달리 관련된 사람들과 공유하고 있는 숫자이기도 하며 서로 간에 잊어버리면 곤란한 숫자라는 특징도 지니고 있다.

사회적 측면의 숫자들 역시 한 번 부여되고 나면 변하지 않는 숫자라고 할 수 있는데 학번, 군번, 사번 등을 그 예로 들 수 있다. 이와 같은 숫자들은 자신을 대외적으로 나타내는 숫자이며 자신을 객관적으로 증명하는 숫자라는 특징이 있다.

한편 개인의 삶에서 변하는 숫자들도 있다. 앞서 언급한 SNS의 팔로워 또는 친구의 수나 전화기에 저장되어 있는 연락처의 개수 등 이른바 관계적 측면의 숫자들이다. 이 숫자들은 시간의 흐름에 따라 혹은 처한 상황에 따라 변하는 숫자들로 대인관계 혹은 네트워킹 측면에서는 간과할 수 없는 숫자이기도 하다.

변하는 숫자 중에는 시험점수를 비롯해서 무엇인가를 하는 데 있어 소요되는 시간 등 능력적 측면에서 나타나는 숫자들도 있다. 이 숫자들은 자신이 얼마나 관심을 갖고 어떻게 하느냐에 따라 달라지는 숫자들이다.

　이와 같이 개인의 삶을 둘러싸고 있는 숫자들을 구분해 보면 어떤 숫자에 관심을 가져야 하는지를 생각해 볼 수 있다. 당신은 어떤 숫자에 관심을 갖고 있는가?

　이미 예상했겠지만 당신이 일차적으로 관심을 가져야 하는 숫자들은 바로 당신의 삶 속에 자리 잡고 있는 변수라고 할 수 있다. 특히, 예측할 수 있고 스스로 통제가 가능한 변수를 눈여겨볼 필요가 있다. 그 변수가 당신 삶에 있어 변하지 않는 숫자로 남게 될 수도 있다. 그리고 결과는 상수가 아닌 변수에 따라 달라진다.

question 018

나에게 부여된 스탠딩 오더는 무엇인가?

"16년 전 임무, 염석진이 밀정이면 죽여라. 지금 수행합니다."

안윤옥(전지현 분)은 이 말을 내뱉고 망설임 하나 없이 염석진(이정재 분)을 향해 들고 있던 권총의 방아쇠를 당겼다. 최동훈 감독의 2015년 작 영화 '암살'의 마지막 부분이다.

이 장면을 보고 있으면 떠오르는 용어가 하나 있다. 그것은 바로 스탠딩 오더(standing order)다. 스탠딩 오더란 명령권자가 취소하지 않는 한 계속 유지되는 명령으로 해석되기도 하는데 용어가 갖고 있는 의미만으로도 부여된 임무의 엄중함과 중요함을 느끼기에 충분하다. 그래서 스탠딩 오더가 내려지면 임무를 완수할 때까지 한눈팔지 않고 끝까지 주의를 기울이고 집중해야 한다.

사실 스탠딩 오더라는 용어는 최근의 정치적인 이슈로 인해 언론에 오르내리기 전까지만 해도 일상에서는 쉽게 접할 수 없었다. 그만큼 우리에게는 낯설고 잘 사용되지 않는 용어다.

그러나 조금만 더 생각해 보면 우리 역시 이 용어에서 자유로울 수 없다는 것을 알 수 있다. 우리는 이미 꽤 오래전부터 여러 종류의 스탠딩 오더를 받았기 때문이다.

먼저 우리에게 공통적으로 부여된 스탠딩 오더는 타인을 존중해야 한다는 것, 타인에게 해를 입히면 안 된다는 것, 자신을 수양하고 개발해야 한다는 것 등 사람으로서 마땅히 행해야 할 도리에 해당되는 것이라고 할 수 있다.

이는 사람으로 태어났다면 죽을 때까지 취소될 일이 없는 명령이며 명령권자가 있느냐 없느냐를 떠나 사람이라면 누구에게나 부여된 스탠딩 오더임에 틀림이 없다.

이와 함께 자신이 처한 상황이나 역할에 따라 차별화된 스탠딩 오더도 있다. 예를 들어 한 가정의 가장이라면 가족을 사랑하고 행복하게 만들어 주어야 한다는 것은 부인할 수 없는 스탠딩 오더이다. 또한 규모에 관계없이 조직을 이끌고 있다면 성과를 창출하고 구성원들의 성장을 지원해야 한다는 것 역시 스탠딩 오더라고 할 수 있다.

이 밖에도 일일이 열거하기는 어렵지만 우리 주변은 물론, 개인의 삶에 존재하는 수많은 상황과 역할 속에는 이에 걸맞은 스탠딩 오더가 함께 포함되어 있으며 적어도 당신이 그 역할에서 벗어나지 않는 이상 계속 유지된다고 볼 수 있다.

이제 생각해 보아야 할 것은 당신에게 부여된 스탠딩 오더를 어떻게 확인하고 실행에 옮길 것인가이다. 누군가로부터 직접적으로 전달받지 못했거나 아직까지 찾지 못했다면 우선 동서양의 고전을 펼쳐보기를 권한다. 그 속에는 사람으로서 가져야 할 마음가짐, 말, 행동 등 이루어 헤아릴 수 없을 정도로 많은 양의 스탠딩 오더가 쌓여 있다. 그리고 경우에 따라서는 당신이 어떻게 어떤 방법으로 수명해야 하는지도 알려준다.

  당신이 처한 상황과 역할에 비추어 봤을 때 당신에게 부여된 스탠딩 오더는 무엇인가? 나아가 스스로 부여한 스탠딩 오더는 무엇인가? 혹 그동안 잠시 미루었다면 지금, 다시 수행할 때가 되었다.

question 019

나에게 보내는 메시지는
어디에 새겨져 있는가

苟日新 日日新 又日新

'나날이 새로워지고 하루하루 새로워지고 또 날로 새로워져야 한다'로 해석할 수 있는 이 글은 중국 은나라의 시조인 탕왕이 자신의 세숫대야에 새겨놓은 것으로 알려져 있다. 탕왕은 아마 매일 아침저녁으로 세수를 할 때마다 자연스럽게 이 글의 의미를 되새기면서 스스로 실천하고자 노력했을 것으로 여겨진다.

기원전 이스라엘의 왕이었던 다윗은 세숫대야가 아닌 반지를 선택했다. 그는 자신을 위해 특별히 만든 반지에 '이 또한 지나가리라'라는 표현인 'This too shall pass away'라는 문구를 새겨놓았다는 이야기도 있다. 이는 왕으로서 다양한 상황에 처할 때마다 자신의 반지에 새겨진 글귀를 보면서 교만하지 않고 절제하는 것은 물론, 때로는 용기를 잃지 않는 등 스스로의 마음을 다스리고자 했던 것이다.

너무 먼 과거의 이야기라고 생각되면 이번에는 미국의 백악관으로 눈길을 돌려보자. 미국의 제33대 대통령이었던 해리 트루먼의 집무실 책상 위에는 'The buck stops here'가 새겨진 명패가 놓여 있다. '내가 모든 책임을 진다.' 혹은 '모든 책임은 이곳에서 멈춘다.' 정도로 해석할 수 있다. 트루먼 대통령 역시 탕왕이나 다윗 왕의 경우와 마찬가지로 매일 이 글을 보면서 자신에게 부여된 역할을 잘 수행하고자 했을 것이다.

이와 같은 사례는 우리에게 단순하면서도 명확한 시사점을 준다. 그것은 개인이 추구하거나 지키려는 가치 그리고 이를 구현하기 위한 원칙 등을 실천하고자 한다면 자신이 매일매일 볼 수 있는 곳에 그 내용 혹은 방법을 새겨놓으라는 것이다.

필자가 대표적인 사례로 든 탕왕이나 다윗 왕 그리고 트루먼 대통령의 경우, 자신이 지키고 실천해야 할 메시지를 일상에서 자연스러우면서도 쉽게 볼 수 있는 세숫대야나 반지 그리고 명패 등에 새겨놓았다.

그렇다면 현대를 살아가는 우리는 스스로에게 보내는 메시지를 어디에 새겨놓으면 좋을까?

이 글을 쓰면서 필자는 지인들의 메시지가 새겨진 곳을 발견했다. 그곳은 바로 지인들의 SNS였다. 아무런 메시지가 없는 이들도 있지만 많은 이들은 대문글 또는 상태메시지에 자신에게 보내는 것이라고 생각되는 메시지를 새겨놓았다. 스스로에게 보내는 메시지겠지만 필자에게도 이들이 새겨놓은 메시지는 성찰의 거울이 되기도 하고 실천의 계기가 되기도 한다.

SNS 외에도 메시지를 새겨놓을 곳으로 개인용 컴퓨터나 스마트폰 바탕화면을 추천한다. 적어도 하루에 한 번 이상 스스로에게 보내는 메시지를 자연스럽게 볼 수 있는 곳이기 때문이다.

이미 경험해 보았겠지만 우리는 몰라서 실천하지 못하는 것보다는 잊어버리거나 떠올리지 못해 실천하지 못하는 것이 더 많다. 특히, 삶의 가치(value)나 원칙(principle) 등은 더욱 그렇다.

따라서 우리는 이러한 것에 자주 노출될 수 있는 환경을 스스로 만들 필요가 있다. 일상에서 의식적이든 무의식적이든 반복적으로 보고 읽으면서 마음속 깊이 새겨진 가치와 원칙은 자연스럽게 당신의 말과 행동에 배어 나오기 때문이다.

question _____ 020

나는 무엇을 포기하는가?

　사전을 펼쳐 포기(抛棄)라는 단어를 찾아보면 하던 일을 중간에 그만둔다는 것으로 표기되어 있다. 개인의 삶 속에서 그 무엇이 되었든지 간에 하고 있는 것을 마치기 전에 그만둔다는 것은 말처럼 쉽지 않으며 경우에 따라서는 수용하기 어렵기도 하다.

　그래서인지 이제껏 필자는 무엇인가를 포기한다는 것은 대단히 무능력하다는 것과 동일한 개념으로 생각해 왔고 필자의 삶에서 그 어떤 경우일지라도 포기라는 단어가 사용되지 않기를 바라왔다.

　그러나 가만히 생각해 보니 포기라는 것이 매사에 그렇게 부정적인 것만도 아닌 듯하다. 경우에 따라서는 포기함으로 인해 얻을 수 있는 이점도 있기 때문이다.

　일례로 늦은 밤 간식 먹는 것을 포기하는 순간 더 건강하게 될 수 있으며 자신의 고집을 버리고 상대방의 입장에서 생각하는 순간 인간관계가 더욱 좋아질 수 있다. 또한 매일 뉴스에서 빠지지 않고 등장하는 각종 사건 사고 역시 당사자 간 조금만이라도 자신의 이기적인 생각이나 말 그리고 행동을 포기했다면 발생하지 않았을 일들이 종종 있다.

　이를 거꾸로 말하면 차라리 포기했으면 좋았을 것을 포기하지 않고 집착해서 문제가 생기고 피해를 주는 경우가 있다고도 할 수 있다. 이렇게 생각하고 지나온 날들을 돌이켜보니 개인적으로나 사회적으로 포기 대신 집착을 선택함으로 인해 원치 않던 결과를 얻게 된 경우가 적지 않았다는 것을 새삼 느끼게 되었다. 이로 인해 발생한 아쉬움과 후회는 덤이기도 했다.

　우리가 포기 대신 집착을 선택하는 이유 중 하나는 포기라는 단어 자체가 지니고 있는 부정적인 인식과 주변의 시선이 부담스럽고 스스로 용납하기도 힘들기 때문이다. 설령 그것이 진작 포기했어야 하는 일일지라도 말이다.

　그렇다면 포기해도 될 일과 포기해서는 안 되는 일은 무엇일까? 이는 개인별로 처한 상황이나 여건이 다르기 때문에 명확하게 구분해서 제시하기는 어렵다.

　하지만 '포기할 수 있는 일과 포기할 수 없는 일을 나누는 기준은 무엇일까?'로 생각해 보면 보다 명쾌한 답을 구할 수 있는데 개인이 추구하는 삶과 자신이 몸담고 있는 업(業)이 지니고 있는 의미나 가치가 대표적인 기준점이 될 수 있을 것이다.

　살아가면서 포기하지 않은 것은 정말 중요하다. 매사에 포기를 밥

먹듯이 하는 사람에게서는 미래를 기대할 수 없다. 반대로 모든 것을 붙잡고 놓지 못하는 사람에게도 미래를 기대하기는 어렵다. 이 사람의 경우에는 잡을 수 있는 혹은 잡아야만 하는 일생일대의 기회가 오더라도 양손에 들고 있는 것 중 아무것도 포기하지 못해 정작 필요한 것을 잡을 수 없게 되는 우를 범하게 될 수도 있기 때문이다. 이와 함께 현재 양발을 딛고 있는 곳을 포기하지 못해 더 나은 곳으로 나아가지 못하게 될 수도 있기 때문이다

그러니 이제부터는 포기할 수 있는 것과 포기해서는 안 될 것을 선별할 줄 아는 기준을 세워보자. 그리고 기준에 맞지 않는 것은 과감히 포기하는 법도 배워보자. 더 나아가 포기함으로써 생기게 된 여유와 에너지를 포기할 수 없는 일에 투입하자. 포기할 수 있는 용기를 가진 자만이 결국 아무것도 포기하지 않을 수 있다.

question 021

나의 삶 속 안전장치는 무엇인가?

셋, 둘, 하나, 점프! 가이드의 신호와 함께 두근거리는 마음과 걱정, 두려움을 뒤로 하고 과감하게 뛰어내린다. 낮게는 지상으로부터 수십 미터, 높게는 200미터 이상을 올라가 까마득하게 멀리 보이는 지상을 향해 몸을 내던져 번지점프를 하는 순간이다.

덜컥덜컥. 한 시간 넘게 기다려 탑승한 롤러코스터가 정상을 향해 서서히 움직인다. 정상에서 잠시 멈춘 뒤 급강하하기 시작하면 불과 몇 분에 지나지 않는 시간이지만 하차하는 지점에 다다를 때까지 시속 수십 킬로미터를 넘어 경우에 따라서는 시속 200킬로미터를 훌쩍 넘는 속도를 직접 체감하게 된다.

이런 광경을 멀리서 바라보고 있는 사람은 아찔할지 몰라도 번지점프를 하는 사람이나 롤러코스터를 타고 있는 사람들의 반응을 살펴보면 하나같이 그 상황을 즐기고 있음을 짐작할 수 있다.

이들이 이와 같은 상황을 즐길 수 있는 이유는 무엇일까?

여러 가지 이유가 있겠지만 분명한 것은 그 상황을 온전히 즐길 수 있는 안전고리나 안전벨트 등의 안전장치가 마련되어 있기 때문이다. 다음으로는 스스로가 안전장치를 등한시하지 않고 일일이 확인하기 때문이다. 아울러 만일 문제가 있다고 생각되면 대충 넘어가는 것이 아니라 반드시 이에 대한 조치가 이루어지기 때문이다. 물론 이 과정이 불편하거나 귀찮다고 해서 건너뛰는 법은 없다. 안전장치가 없거나 작동하지 않는다면 즐길 수 없기 때문이다.

앞서 언급한 사례를 당신의 일이나 삶으로 확대해 봐도 크게 다르지 않다. 즉 당신의 일이나 삶을 제대로 즐기기 위해서는 다양한 안전장치가 필요하며 정상적으로 작동하는지를 확인해야 한다.

먼저 당신의 일을 즐기기 위해 필요한 대표적이면서 기본적인 안전장치에는 컴플라이언스(compliance)가 있다. 임직원 모두가 자발적으로 제반 법규를 준수하는 것을 골자로 하는 컴플라이언스는 시스템적인 측면에서 윤리, 도덕적인 영역까지 아우르고 있어 업무상 발생 가능한 법적 문제는 물론, 각종 유혹이나 불미스러운 일을 미연에 방지할 수 있는 안전장치 역할을 한다.

당신의 삶 속 안전장치로 당신에게 진심 어린 조언이나 충고를 해줄 수 있는 사람들도 빼놓을 수 없다. 이들이 전하는 말은 경우에 따라서는 쓰거나 불편하게 들릴 수도 있다. 그렇다고 해서 이들의 말에 귀를 기울이지 않거나 아예 입을 막아 버린다면 찰나의 순간은 즐길 수 있겠지만 지속적으로 삶을 즐기기는 어려울 수도 있다.

이와 함께 당신이 지키고자 하는 가치나 추구하는 비전 역시 당신의 삶을 즐기는 데 있어 안전장치로서의 역할을 하는 데 손색이 없다. 이는 당신이 추구하는 삶을 살아가는데 길을 잃지 않도록 해주는 것은 물론, 올바른 선택의 기준을 제시하고 불의와 타협하지 않게 하는 안전장치의 역할을 해 준다.

삶을 즐기라는 메시지는 동서고금의 많은 현자들과 격언 등을 통해 다양한 표현과 방식으로 전해지고 있다. 그런데 우리가 삶을 즐기기 위해서는 반드시 먼저 갖추어야 할 것이 있다. 그것은 바로 안전장치다.

자신의 삶에서 앞서 언급한 안전장치가 없거나 작동하지 않는다면 사실상 즐기기 어려운 것이 많고 만일 안전장치 하나 없이 즐긴다면 머지않아 큰 위험이나 사고와 마주치게 될 가능성이 크다.

따라서 이제는 당신의 삶을 즐기기 위해 당신이 갖추고 있는 안전장치에는 어떤 것들이 있는지 확인해 보고 이 장치들이 제대로 작동하는지 점검해 볼 필요가 있다. 그리고 만일 이 과정에서 문제가 발견된다면 새로운 안전장치를 마련하고 이들이 제대로 작동할 수 있는 환경을 조성할 필요가 있다.

놀이 기구 하나를 즐기고자 해도 안전장치가 필요한데 하물며 당신의 삶을 즐기고자 한다면 이중 삼중의 안전장치를 마련하고 확인하는 것은 당연한 것 아닌가?

question 022

나는 어떤 라벨을 붙이고 있는가?

기억나지 않을 수도 있고 경우에 따라서는 기억하기 싫을 수도 있지만 어릴 적 별명 하나 없는 사람은 드물 것이다.

일반적인 경우 별명은 당사자의 내적인 혹은 외적인 특징이나 특성 등을 잘 알고 있는 친한 친구들 또는 지인들에 의해 만들어진다. 이렇게 보면 별명은 그 사람이 어떤 사람이라는 것을 보여주는 일종의 라벨(label)이라고 볼 수 있다.

라벨은 보통 타인이 붙여주지만 경우에 따라 스스로 만들어 붙이는 것도 가능하다. 두 가지 모두 라벨링(labeling)에 해당한다.

심리학에서는 본인 혹은 상대방에게 있었으면 하는 특성이나 태도, 가치관 등을 나타낼 수 있는 라벨을 만들어 붙이면 그에 맞게 언행이 변화한다고 하면서 이를 라벨링 효과로 설명하고 있다. 물론 언행이 바뀌면 결과도 달라지는 것은 두말할 나위도 없다.

예를 들어 'I can do it.'이라는 라벨을 자신에게 붙였다면 매사에 적극적으로 임하고 목표로 한 것을 성취할 가능성이 커진다. 또한 A라는 친구에게 '당신은 잠재력이 있는 사람이다.'라는 라벨을 붙인다면 그로부터 기대하는 것 이상의 성과를 이끌어낼 수도 있을 것이다.

패색이 짙어진 상황에서도 마음속에 '할 수 있다'라는 라벨을 계속 붙이며 2016년 리우데자네이루 올림픽 펜싱 경기에서 금메달을 차지한 박상영 선수에게서도 이러한 라벨링 효과를 찾아볼 수 있다. 박 선수가 2019년 5월 프랑스에서 열린 국제펜싱연맹 남자 에페 월드컵 단체전과 개인전에서도 금메달을 목에 건 걸 보면 라벨링 효과는 지속성도 있는 모양이다.

이와 같은 라벨링 효과는 비단 박 선수에게서만 나타나는 것은 아니다. 당신은 물론, 당신 주변 사람들에게도 다음과 같은 방법으로 라벨링을 해 보면 효과를 볼 수 있다.

먼저 현재의 상태가 아닌 자신이 원하거나 기대하는 모습(to-be)으로 라벨링을 해보는 것이다. 이렇게 하면 현재나 과거에 대한 아쉬움이나 불평은 상대적으로 줄어들고 오히려 자신이 그린 미래의 청사진에 초점을 맞춘 언행과 의사결정을 할 가능성이 크다.

다음으로 단점이나 약점이 아닌 장점이나 강점으로 라벨링을 해 보는 것이다. 장점이나 강점은 어려움을 극복하거나 문제를 해결하는 데 탁월한 효과가 있다. 아울러 장점이나 강점으로 자신을 라벨링을 하게 되면 무엇인가를 새롭게 시작할 수 있는 추진력이 되는 것은 물론, 자신감이 배가되기도 한다.

  마지막으로 넘버원(number 1)이 아닌 온리원(only 1)으로 라벨링을 해보는 것이다. 잘 알다시피 넘버원이라는 라벨링은 그리 오래가지 않는다. 그리고 이를 유지하기 위해서는 매번 치열한 경쟁을 피할 수 없다. 그러나 온리원은 당신의 본질과 고유함에서 비롯되기에 당신만이 만들 수 있는 가치를 창출해 낼 수 있다.

  당신에게는 어떤 라벨이 붙어 있는가? 혹 과거의 아픔이나 실패, 단점이나 약점 또는 원치 않은 라벨이 붙어 있다면 과감히 떼어내자. 그리고 당신만의 라벨을 만들고 새로이 붙이자. 그것이 곧 당신을 나타내는 브랜드라고 할 수 있다.

question   023

나는 어떻게 성찰하는가?

먼저 반성의 시간을 가져야겠다. 만일 그동안 자신이 했던 말과 행동 그리고 여러 가지 크고 작은 결정들 중 대중에게 공개되면 곤란해질 수 있겠다고 생각되는 것들이 있다면 말이다.

이렇게 생각하고 지난날을 되돌아보면 스스로 부끄러워지는 일들이 꽤 있다는 사실을 확인하게 된다. 이에 대해 혹자는 사람이기 때문에 꼭 의도치 않더라도 부지불식간에 말실수나 부적절한 행동을 하는 경우도 있고 오판을 하는 경우도 있을 수 있다고 한다. 또한 지금이 아니라 과거의 여러 가지 상황이나 보편적인 분위기 등에 비추어 보면 생각하는 것만큼 큰 문제가 아닌 경우도 많다고 한다.

그런데 대개 여기에서 문제가 발생한다. 어쩌면 문제라기보다는 아쉬움이 남는다고 하는 것이 더 적절한 표현일 듯싶다. 그 당시에는 특별히 문제 될 것이 없다고 느꼈던 일이 미래로 한 걸음 더 나아가려는 당신의 발목을 붙잡을 수도 있기 때문이다. 실제로 요즘 우리는 각종 언론 보도를 통해 이러한 사례를 평소보다 조금 더 많이 접하고 있다.

그렇다면 이러한 문제나 아쉬움을 미연에 방지할 수 있는 방법은 없을까?

여러 가지 방법이 있겠지만 필자는 스스로 해 볼 수 있는 두 가지 방법을 추천한다. 첫 번째 방법은 뉴스페이퍼 테스트(newspaper test)를 해보는 것이다. 뉴스페이퍼 테스트는 당신이 생각한 말이나 행동을 하기 전 또는 결정을 내리기 전에 그 내용이 당신의 이름, 사진과 함께 신문의 1면을 장식해도 문제가 없는지를 스스로 평가해 보는 것이다.

평가 결과, 신문이나 뉴스를 통해 자신의 언행이나 결정이 많은 이들에게 알려지게 되면 곤경에 빠질 수도 있다고 생각되는 경우에는 처음부터 하지 말아야 한다. 물론 반대의 경우 즉 당신의 언행이나 결정에 대해 많은 사람들이 알게 되어도 문제가 없고 스스로 떳떳하다고 생각된다면 그대로 해도 무방하다.

두 번째 방법은 예상 댓글을 써보는 것이다. 이것은 당신이 하고자 하는 말이나 행동 그리고 어떤 사안에 대한 의사결정이 이미 벌어졌다는 가정 하에 이에 대한 댓글을 스스로 써보는 것이다.

만약 당신의 언행이나 결정에 대해 작성한 댓글의 내용이나 성격이 부정적이라고 여겨지면 뉴스페이퍼 테스트와 마찬가지로 하려던 것을 멈추고 다시 생각해 볼 필요가 있으며 긍정적이며 지지를 받는

쪽이라면 계속 진행해도 좋다.

　두 가지 모두 간단한 테스트지만 이는 개인의 삶에서 스스로 취해야 할 언행과 의사결정을 하는 데 있어 비교적 빠르고 명확한 기준을 제시해 준다는 측면에서 볼 때 유용하다. 또한 이와 같은 방법들은 개인의 삶을 넘어 관계적인 측면이나 조직적인 측면에서도 적용해 볼 수 있다.

　한편 이러한 테스트를 계기로 보다 깊고 풍부한 성찰을 통해 자신의 내면을 수양하고자 한다면 홀로 있을 때도 도리에 어긋나는 일을 하지 말라는 의미를 지닌 신독(愼獨)을 권한다.

question 024

나의 시간을 어디에 투자하고 있는가?

"나는 대여섯 명의 훌륭한 학생을 일류 경제학자로 키운 교사로서 남기를 바라네."

'자네는 어떤 사람으로 남게 되기를 바라는가?'라는 친구의 질문에 죽음을 목전에 둔 미국의 경제학자 슘페터(Joseph Schumpeter)가 했던 대답이다.

고인이 된 지 반세기도 훌쩍 지났지만 아직까지도 학계는 물론, 정치계나 경제계 쪽에서도 여전히 그의 이름이 회자되고 있는 것을 보면 그의 염원은 일찌감치 이루어진 것으로 여겨진다.

슘페터와 같은 상황은 아니지만 유사한 질문을 받은 사람들의 대답들은 다양하다. 이를테면 사회 관계적인 측면에서 신뢰받는 사람, 호감을 주는 사람, 같이 일하고 싶은 사람 등으로 남기를 바란다거나 특정 분야의 전문가나 롤 모델(role model)로서 남기를 바라기도 한다. 또한 개인적인 측면에서 자상한 부모나 배우자 등으로 남았으면 한다는 대답들도 많다. 어느 것 하나라도 가벼이 여기거나 무시해도 괜찮다고 생각되는 답변은 없다. 다만 이와 같은 답변들이 종종 희망 사항에 그치는 경우가 더러 있어 아쉬움이 남을 뿐이다.

그렇다면 어떻게 해야 이와 같은 아쉬움을 조금이나마 덜어낼 수 있을까? 어떤 사람으로 남게 되기를 바라는지에 대한 당신의 생각이나 답변이 공허한 울림에 그치지 않고 당신이 원하는 바대로 되려면 스스로에게 해 보아야 할 질문이 몇 가지 더 있다.

그중 하나는 '당신의 시간은 당신이 남기고 싶은 모습을 위해 지금까지 어떻게 사용되어 왔는가?'라는 질문이다. 당연한 이야기지만 당신이 남기고 싶은 모습을 위해 그동안 사용된 시간이 없었거나 극히 적었다면 당신이 남기고자 했던 모습은 상상에 그치고 말 가능성이 크다.

다음으로 해 보아야 할 질문은 '당신의 시간은 당신이 남기고 싶은 모습을 위해 앞으로 얼마나 할애되어 있는가?'이다. 당신이 남기고 싶은 모습을 위한 시간을 확보하고 있다면 혹은 확보할 계획이 있다면 당신이 남기고자 하는 모습이 구현될 가능성이 크다는 것은 두말할 나위도 없다.

이 두 가지 질문은 당신이 진정으로 남기고 싶은 모습에 대한 성찰은 물론, 그것을 이루어 낼 수 있는 계획을 세울 수 있게 도와줄 수 있다.

많은 사람들이 지금의 자리에서 떠난 뒤에 남겨진 자신의 모습을 상상해 보곤 한다. 대부분 좋은 이미지를 기대하거나 바라겠지만 현실은 다를 수 있다. 기대와 현실이 다르다면 그 이유는 위에서 언급한 두 가지 질문에서 찾아볼 수 있다. 즉 당신의 시간이 어디에 얼마만큼 그리고 어떻게 쓰이고 있는가를 살펴보면 당신이 어떤 모습으로 남게 되는지를 예측해 볼 수 있는 것이다.

  신뢰받는 사람, 호감을 주는 사람, 같이 일하고 싶은 사람, 전문가, 롤 모델(role model), 자상한 부모나 배우자 등의 모습으로 남고 싶은가? 그렇다면 지금 당신이 사용하고 있는 시간을 되돌아볼 필요가 있다. 아울러 당신이 남기고 싶어 하는 모습을 위한 시간에 더 많은 투자를 해야 한다.

question 025

나에게 주어진 역할을 어떻게 준비하는가?

학창 시절 친구들과 함께 팀을 이루어 축구나 농구 경기를 하게 되는 경우, 가장 먼저 하는 것은 개인별 포지션을 정하는 것이다. 그 이후 해당 포지션에 따라 자신이 수행해야 할 역할을 확인한다.

포지션을 정하는 기준은 비교적 분명하다. 포지션에 대한 개인의 선호도가 일부 영향을 미치기는 하지만 대개는 당사자가 주어진 포지션에서 요구되는 역할을 할 수 있느냐 혹은 그 역할을 해 본 적이 있느냐에 따라 정해진다.

아마추어 수준임을 고려할 때 이와 같은 기준에 어느 정도라도 부합하는 점이 있다면 보통은 자신이 선호하는 포지션을 정할 수 있다. 자신이 선호하는 포지션에서 뛰는 경우라면 경기에 몰입하고 즐기는 가운데 제 역할을 잘 수행할 가능성이 크다.

하지만 그렇지 않은 경우도 종종 있다. 이런 경우에는 자신에게 주어진 포지션이 마음에 들지 않을 수도 있다. 그렇다고 해서 경기 중 역할 수행에 소홀하거나 제 역할을 해내지 못한다면 동료 및 주변 사람들로부터 무언의 압박을 받거나 교체될 수도 있다.

더욱이 자신이 그 역할을 해 본 적이 없을뿐더러 그 역할을 잘할 수 있는 재능도 없다는 것을 다른 사람들이 이해해 줄 것이라는 요량으로 적당히 임한다면 다음 기회는 묘연해진다.

그런데 이러한 상황을 접하는 이들은 영화나 드라마 속에 등장하는 배우들도 마찬가지인 듯하다. 실제로 스스로 배역을 정하는 배우는 많지 않으며 대부분의 배우들은 예전에는 해 본 적이 없는 배역이나 감독 등에 의해 지정된 배역을 맡게 되는 경우가 많다.

그럼에도 불구하고 수많은 배우들은 자신이 맡은 극 중 역할을 매끄럽고 자연스럽게 수행한다. 그렇다면 이들은 자신에게 주어진 역할을 잘 수행하기 위해 어떻게 준비할까?

이 질문과 관련된 배우들의 인터뷰를 살펴보니 몇 가지 눈에 띄는 내용들이 있다. 우선 자신이 나오는 부분만이 아니라 전체 내용과 맥락을 살펴본다는 것이다. 어떤 장르인지 그리고 그 속에서 자신은 어떤 캐릭터인지 등을 확인하면서 동료 배우들과 호흡을 맞춰보기도 한다.

다음으로는 해당 배역에 해당하는 실제 인물을 직·간접적으로 벤치마킹을 한다는 것이다. 만일 소방관 역을 맡게 되었다면 현직 소방관의 일거수일투족에 대해 관심을 갖고 관찰하는 것은 물론, 그들이 일상에서 사용하는 용어나 어휘 등을 숙지하기도 한다. 직접

관찰할 수 없다면 관련된 도서나 자료를 탐독하는 것은 기본이다.

마지막으로는 반복적인 연습을 한다는 것이다. 대본을 외우는 것을 비롯해서 사소한 표정이나 동작까지도 수없이 반복하며 그야말로 체화시키는 과정을 거친다. 자신이 인식하지 못한 점에 대한 주변인들의 피드백을 수용하고 반영하는 것도 빠뜨리지 않는다.

이제 다시 현실로 돌아와 스스로 확인해 보자. 지금 당신의 포지션은 무엇이며 어떻게 그 역할을 수행할 예정인가? 잘 알고 있는 바와 같이 주어진 역할을 잘 수행하기 위해서는 준비가 필요하다. 혹 준비되지 않았다면 아직 늦지 않았다. 지금부터라도 자신의 포지션을 확인하고 맡겨진 역할에 대해 분석하고 연습하면 된다.

question 026

나는 어떤 문제를 출제하는가?

개인으로서 우리는 그동안 적어도 10년은 훌쩍 넘는 시간을 문제 풀이에 사용했다. 우리는 다양한 이유로 주어진 문제를 풀었다. 문제를 잘 풀면 상급학교에 진학하거나 더 좋은 직장을 구하는 데 상대적으로 수월하다. 어떤 조직에서든 문제를 잘 풀면 개인 평가도 잘 받을 수 있다. 그래서인지 우리는 그동안 문제를 얼마나 잘 풀 수 있느냐에 초점을 두고 지내왔다.

그런데 생각해 봐야 할 것이 하나 있다. 우리가 풀었던 문제의 대부분은 공식적이든 비공식적이든 자신이 아닌 다른 누군가가 만들어 낸 문제라는 것이다. 경우에 따라서는 불특정 다수에 의해 만들어진 문제도 있었다.

이렇게 만들어진 문제를 접하게 되면 대개는 먼저 어려움을 느낀다. 여러 가지 이유가 있겠지만 그중 하나는 아마도 문제를 풀기 위해 필요한 지식이나 기술이 충분하지 않기 때문일 것이다.

보통 이와 같은 상황에 처했을 때는 자신에게 주어진 문제를 풀기 위해 다양한 방법을 찾게 된다. 학생이라면 문제 풀이에 도움이 되는 수업도 듣고 책도 읽는다. 밤늦게까지 공부하면서 개념이나 공식을 암기하기도 한다. 직장인인 경우에는 예전 자료를 들춰보기도 하고 전문가 또는 선배들을 찾아가 묻기도 한다. 인터넷을 검색하고 활용하는 것은 기본이 된 지 오래다.

때때로 이러한 방법들은 주어진 문제를 풀기에 적합하다. 그러나 대개는 일시적이다. 이보다 난이도가 높은 문제나 응용된 문제가 눈앞에 펼쳐지면 또 다른 방법을 찾고 연습해야 한다. 그야말로 문제 풀이에 끝이 없다.

그런데 평생을 다른 사람이 만든 문제를 풀면서 살아갈 생각이 아니라면 이제는 스스로 문제를 내 보는 것에 대해 생각해 볼 필요가 있다.

스스로 문제를 내는 것은 생각만큼 쉽지 않다. 문제를 잘 내기 위해서는 기본적으로 해당 분야에 대한 넓고 깊은 지식을 보유해야 한다. 물론 이것만으로 문제를 잘 낼 수 있는 것은 아니다. 다른 분야에 대한 관심과 함께 기존의 것에 대한 의심도 함께 있어야 한다. 불편함을 수용하는 것이 아니라 개선하려고 노력해야 하고 정해진 틀에 맞추려고 하는 것이 아니라 새로운 틀을 만들어 보려는 시도를 해야 한다.

타인이 만든 문제의 정답을 맞히는 입장에서 스스로 문제를 만드는 입장으로 바뀌면 자연스레 달라지는 것도 많다.

그동안 보이지 않았던 혹은 보려고 하지 않았던 것들이 보이기 시작한다. 일종의 거시적 관점, 총체적인 관점이 생기는 것이다. 오너십(ownership)에 기반한 애착도 생긴다. 몰입이라는 것도 경험하게 된다. 창의력이 생기는 것도 빠질 수 없다. 기존의 내용이나 방법만으로는 문제를 만들기 어렵기 때문이다. 문제를 내는 당사자가 그 누구보다도 그 문제에 대한 깊은 생각을 하고 연습을 한다는 것은 두말할 나위도 없다.

오늘날 개인이나 조직에서 깊은 고민이나 성찰이 부족하고 변화와 혁신이 더뎌지는 이유를 스스로 문제를 낼 수 있는 사람이 적거나 능력이 부족하다는 것에서 찾는다면 지나친 비약일까?

자신의 삶과 일에서 주인이 된 이들은 다른 사람들이 낸 문제를 풀기도 했지만 하나같이 스스로 문제를 냈던 사람들이다. 그리고 일생을 자신이 스스로 출제한 문제를 풀어간 사람들이다.

지금까지 다른 사람들이 낸 문제를 풀기에 급급했다면 이제부터는 스스로 문제 내 볼 때가 되었다. 문제를 푸는 사람에서 벗어나 문제를 내는 사람이 되는 시점이 곧 삶의 주인으로 자리 잡기 시작한 때라고 볼 수 있기 때문이다.

question 027

나는 왜 배우는가?

"배워서 남 주냐?", "다 너를 위해 공부하는 거야."

우리는 학창 시절 이와 같은 뉘앙스의 말을 한 번쯤은 들어봤다. 그런데 정말 그럴까? 우리는 정말 자신을 위해 무엇인가를 배우고 익혀야 했을까?

필자는 그것은 아닐 것이라고 생각한다. 자의에 의해서건 혹은 타의에 의해서건 우리가 오랜 시간에 걸쳐 무엇인가를 학습한 것은 자신의 성공적인 삶이나 행복을 얻기 위해서만은 아니다. 오히려 자신보다는 타인의 성공을 위해 그리고 공동체의 행복을 위해 필요한 지식, 기술, 태도 등을 배우고 익혀 온 것이다.

이는 그동안 우리가 학습했던 내용들을 돌이켜보면 그리 어렵지 않게 확인할 수 있다. 학창 시절 배웠던 각 교과목부터 떠올려보자. 표면적으로는 분야별 지식을 다루고 있으나 그 너머에는 우리가 자신과 다른 사람의 생각을 존중해야 하는 이유와 방법이 들어있고 그들과 어떻게 의사소통해야 하는지도 다루고 있다.

또한 상대방에게 피해를 주지 않고 공동의 이익을 구현하기 위해 필요한 수식도 있으며 자신보다 상대적으로 약한 이들을 어떻게 도와야 하는지에 대한 방법도 있다. 더 나아가 공동체를 유지하고 발전시켜 나가기 위해 서로 간에 지켜야 할 약속은 물론, 함께 어울려 살아가는 데 필요한 활동들도 포함되어 있다.

학교를 마친 후는 어떤가? 졸업을 하고 나서도 우리는 여러 가지 경로를 통해 배우고 익히는 것을 지속한다. 굳이 하나하나 끄집어내어 의미를 부여하지 않아도 대부분 자신보다는 타인을 돕기 위해 혹은 타인과 함께 살아가는 데 필요한 내용들이라고 보는 것에는 무리가 없다.

그렇다면 우리가 살아가면서 수많은 내용을 학습하는 본질적인 이유는 무엇인가? 우선 부지불식간에라도 타인에게 피해를 주지 않기 위해서다. 적어도 자신이 모르거나 잘못 알고 있음으로 인해 우를 범하는 일은 없어야 하지 않겠는가. 다음으로는 다른 사람을 돕기 위해서다. 많이 배우고 익힐수록 도울 수 있는 분야와 방법 그리고 대상의 범위는 점점 더 커지게 마련이다.

더 나아가 생각해 보면 우리는 타인의 행복과 공동체의 건전하고 건강한 발전에 조금이나마 기여하기 위해 배우고 익힌다. 에머슨(Ralph Waldo Emerson)이 쓴 '무엇이 성공인가'라는 시를 음미해 보면 우리가 왜 좋은 교육을 받아야 하고 지속적으로 많은 것을 배우고 익혀야 하는지가 보다 명확해진다.

독자들의 이해를 돕기 위해 그의 시 한 구절을 소개하면 다음과 같다. "(중략) 태어나기 전보다 세상을 조금이라도 살기 좋은 곳으로 만들어 놓고 떠나는 것, 내가 한때 이곳에 살았음으로 인해서 단 한 사람의 인생이라도 행복해지는 것, 이것이 진정한 성공이다."

물론 이와 같은 생각은 당신의 마음속 어딘가에 분명히 자리 잡고 있음에 틀림이 없다. 아울러 지금까지 당신을 가르쳤던 수많은 선생님들은 이런 마음을 갖고 당신이 성공적인 삶을 살기를 바라면서 당신 앞에 섰을 것이다. 그래서 우리는 이제 달리 생각하고 달리 말해볼 필요가 있다.

"배워서 남 주자!", "다 다른 사람을 위해 공부하는 거야!"

question 028

나는 무엇을 어떻게 기록하는가?

오늘의 나는 어제의 나와 얼마나 다른가?

오늘의 나는 1년 전의 나와 얼마나 달라졌나?

오늘의 나는 1년 후의 나와 얼마나 달라질까?

이러한 질문에 대한 답을 떠올리는 데 시간이 많이 소요되거나 말하기가 쉽지 않다면 당신에게는 '기록하라'라는 처방이 필요하다.

기록은 현재의 나와 미래의 나를 가늠해 볼 수 있는 중요한 기준이자 개인의 소중한 자산이다. 기록을 하게 되면 지금의 나는 과거에 비해 어떤 점이 달라졌으며 해결해야 하는 문제는 무엇인지를 알 수 있다. 그리고 앞으로 기대하는 결과를 얻기 위해 필요한 것은 무엇인지에 대해 파악할 수도 있다.

반면 기록이 없거나 기록하지 않는다면 매번 제자리를 맴돌게 된다. 같은 실수를 반복하게 되는 경우가 많아지고 해결책을 찾는 데 어려움을 겪기도 한다. 창의적인 아이디어가 샘솟기를 바라는 것은 언감생심(焉敢生心)이다.

그러나 기록하면 달라진다. 국내외를 막론하고 자신의 분야에서 탁월함을 보여준 수많은 이들의 공통점 중 하나는 기록한다는 것이다. 그들은 수첩이나 노트에 기록하는 것은 물론, 기록할 수 있는 용지가 없는 경우에는 주변에 있는 화장지나 냅킨(napkin)을 이용하기도 한다. 이는 일일이 예를 들지 않아도 될 정도로 이미 잘 알려진 일화들이며 그만큼 기록의 중요성과 필요성을 일깨워 준다.

그래서 기록은 성장을 위한 생각의 그릇이라고도 할 수 있는데 불쑥 떠오르는 아이디어는 물론, 의견이나 문제점 등 수많은 생각의 조각들을 흩날려 버리지 않고 담아 둘 수 있기 때문이다.

자신의 기록을 기억의 보조 장치가 아닌 성장의 발판으로 삼고 싶다면 사실을 중심으로 써보기를 권한다. 이때 당시의 주변 상황과 자신의 느낌도 포함되어야 한다. 사소하거나 개인적인 내용일수록 기록의 가치는 커진다. 차이는 작은 것에서 비롯되기 때문이다. 이때 주의해야 할 점이 있다면 꾸밈이나 미화된 표현은 사용하지 말아야 한다는 것이다. 두루뭉술해지기 때문이다. 두루뭉술한 표현은 기록으로서의 기능을 발휘하지 못한다.

또한 기록은 누구에게 보여주기보다는 자신이 보기 위해서 하는 행위로써 자신만의 기호나 그림 등을 사용해 볼 것을 권한다. 기록은 글로만 남기는 것이 아니다. 그림, 기호, 사진, 동영상 등 사용 가능한 모든 매체가 기록으로 남겨질 수 있다. 그림이나 기호로 표현된 기록은 경우에 따라서는 수십 줄의 글보다 효과적이다. 흔히 여행에서 남는 것은 사진이라는 말이 있다. 사진 한 장으로 당시의 상황이나 느낌 등을 회상할 수 있기 때문이다.

마지막으로 개념, 방법, 프로세스, 데이터, 아이디어, 피드백, 대인관계 등 각종 테마별로 기록을 남겨보는 것도 나쁘지 않다. 시계열로 기록하는 것보다 상대적으로 활용하기가 용이하다.

다산 정약용 선생은 '둔필승총(鈍筆勝聰)'이라는 말로 기록이 지닌 힘을 설명했다. 즉 둔한 필기가 총명한 머리를 이긴다는 것인데 원한다면 지금이라도 바로 그 힘을 어렵지 않게 지닐 수 있다. 그리고 그 힘을 체감하는 데 이르는 시간은 그리 오래 걸리지도 않는다.

question   029

나는 문제를 어떻게 조치하는가?

한 손에 들려 있는 작은 휴지 조각을 버릴 곳이 마땅치 않다. 그냥 길가에 버리자니 양심에 거리끼고 계속 들고 가자니 뭔가 불편했다. 주변을 돌아보니 건물 한쪽 구석에 크고 작은 쓰레기들이 일부 버려져 있었다. 물론 쓰레기를 버리는 장소는 아니었다. 하지만 필자는 거리낌 없이 그곳에 휴지를 버렸고 돌아오는 길에 다시 보니 전보다 많은 양의 쓰레기가 쌓여 있었다. 아마 별도의 조치를 취하지 않는다면 그곳에는 계속 쓰레기가 쌓여가리라는 것을 쉽게 짐작해 볼 수 있다.

이와 같은 상황을 미국의 범죄학자인 제임스 윌슨(James Wilson)과 조지 켈링(George Kelling)은 '깨진 유리창의 법칙'으로 명명하고 범죄심리학에서 다루고 있다. 간단히 설명하면 건물 주인이 깨진 유리창을 발견했는데 이를 즉각 수리하거나 교체하지 않고 차일피일 미루거나 그대로 방치해 둔다면 그 유리창의 나머지 부분도 지나가는 아이들이나 행인들이 던진 돌에 의해 모조리 깨져버린다는 것이다. 더 나아가 그 건물에서는 절도나 강도 같은 강력범죄가 일어날 확률도 높아진다.

다시 말해 사소한 문제라고 생각하고 조치를 취하지 않는다면 이로 인해 치러야 할 대가는 만만치 않다는 것이다.

그런데 이러한 깨진 유리창의 법칙은 비단 범죄학에서만 통용되는 것은 아니다. 개인 역시 깨진 유리창의 법칙을 피해 가기 어렵다. 개인에게 있어 깨진 유리창은 다양한 모습으로 나타난다. 쉬운 예를 하나 들면 아침에 일어나야 할 시간을 알리는 알람 시계를 끄고 "5분만 더"를 외칠 때다. 불과 5분에 지나지 않지만 당일 일정이 엉키게 되기도 하고 이로 인해 무리를 하게 될 수도 있다.

또한 자신이 하고 있는 일에서 어떤 문제가 있는 것을 발견했음에도 불구하고 이를 방치하거나 방관하는 것 역시 개인의 깨진 유리창으로 봐도 무리가 없다. 계획한 일이 있는데 특별한 이유도 없이 그 일을 나중으로 미루는 것도 포함된다. 자신이 세운 계획을 실행하거나 목표를 성취하는 과정의 곳곳에서 걸림돌이 되기 십상이기 때문이다.

아울러 친구나 동료 사이에 사소한 말다툼이나 의견충돌이 있었는데 이를 해결하지 않고 유야무야 넘어갔다면 이 또한 깨진 유리창임에 틀림이 없다. 시간의 차이는 있겠지만 그 당사자를 새로운 상황에서 다시 만나게 되는 어색한 경우를 우리는 심심치 않게 접하기도 한다.

개인이 깨진 유리창의 법칙에서 벗어나기 위한 방법으로는 먼저 스스로를 되돌아보면서 깨지거나 금이 가 있는 자신의 유리창들을 찾아보는 시간을 갖는 것이다. 기왕이면 구석구석 샅샅이 찾아보자. 이와 함께 주변에 도움을 청해 자신이 미처 찾지 못한 것을 발견하는 것도 병행할 필요가 있다.

그리고 발견했다면 더 금이 가거나 외부의 영향을 받아 모두 깨지기 전에 적절한 조치를 취해야 한다. 그렇지 않으면 앞서 설명한 바와 같이 더 큰 문제가 야기될 수도 있고 스스로 해결할 수 없는 상황에 처할 수도 있기 때문이다.

경우에 따라서는 스스로 나머지 창을 깨고 새 창을 끼워야 하는 과감한 조치도 필요한데 개인의 변화와 혁신은 이렇게 시작된다.

question   030

나는 누구를 만나고 다니는가?

'초심을 잃지 말자.', '초심으로 되돌아가자.'

이런 생각을 하고 있다면 과거에 비해 지금의 자신이 사람이나 일을 대하는 자세 등에 대해 스스로 만족하고 있지 않다는 것을 추정해 볼 수 있다. 또한 다른 관점에서 보면 무엇인가에 대해 열정을 갖고 실행에 옮겨야 함에도 불구하고 현실에 안주하고 있는 자신을 자책하고 있다고도 볼 수 있다. 더 넓게 본다면 삶의 방향을 잃어 한동안 같은 자리 주변에서 맴돌고 있는 자신을 다그치고 있다고도 볼 수 있다.

그렇다면 초심을 간직하고 있는 과거의 자신은 어디에서 찾을 수 있을까? 쉬운 방법으로는 예전에 자신이 어떤 사람이었는지를 떠올려보는 것이다. 사진이나 일기 등의 기록물을 살펴보는 것도 포함된다.

하지만 이런 방법으로는 예전의 자신을 찾는 데 한계가 있다. 구체적이지 않을뿐더러 대부분 하나 내지는 두어 가지의 두루뭉술한 이미지로 머릿속이 채워지기 때문이다. 게다가 이렇게 떠오른 이미지는 객관적이지도 않다. 시간의 흐름 등과 함께 자의적으로 재구성되어 있을 가능성도 크다. 그리고 찾는다 한들 지금의 불만족스러운 상태에 있는 자신을 움직이게 만드는 동력으로 작용하기에는 부족함이 많다.

다행스러운 것은 이를 해결할 수 있는 방법이 있다는 것이다. 그중 하나는 그때 그 사람들을 만나는 것이다. 친구, 동료, 선후배, 선생님 등으로 일컬어질 수 있는 그때 그 사람들은 자신의 예전 모습을 객관적으로 정확하게 재현해 줄 수 있는 사람들로서 일종의 마법의 거울과도 같은 역할을 한다고 해도 과언이 아니다.

이들은 과거의 당신이 어떤 생각을 했고 어떤 말을 했으며 어떤 행동을 했는지에 대해 기억하고 있다. 경우에 따라서는 특정 상황에서 당신이 가졌던 감정까지 기억한다. 어렸을 적 친한 친구들을 만나보면 어렵지 않게 확인할 수 있다. 자신의 기억에는 없을지언정 이들의 기억 속에는 그 시절 당신의 모습이 고스란히 남아 있는 것이다.

이들을 만나보면 지금은 다소 생소할 수도 있는 이야기를 들을 수 있다. 예를 들면 과거에 당신이 꿈꿨던 삶이나 일은 어떤 것이었는지, 사람들과는 어떤 관계를 맺고 어떻게 지내왔는지 그리고 어떤 다짐들을 했었는지 등과 같은 이야기들이다. 웃음을 자아내거나 부끄러워지기도 하는 이야기 속의 소소한 에피소드는 또 하나의 선물이 되기도 한다.

그래서 당신 주변에 그때 그 사람들이 많으면 많을수록 초심을 찾는 것은 상대적으로 쉬워진다. 더군다나 여러 가지 고민에 휩싸여 있거나 갈림길에 서서 방황하고 있다면 이들을 만나 안내를 받거나 도움을 구할 수도 있다.

그렇지만 간과해서는 안 될 것이 하나 있다. 그것은 그때 그 사람들은 저절로 만들어지거나 알아서 당신을 찾아오지는 않는다는 것이다. 당신이 먼저 다가가고 움직여야 만날 수 있다. 그동안 여러 가지 사정으로 그때 그 사람들과의 만남을 미뤄왔다면 한 사람 한 사람 만나보자. 이들은 당신에게 꼭 필요한 새로운 힘을 불어넣어 줄 수 있다.

question _____ 031

나는 무엇을 고백할 수 있는가?

"누나, 난 누나가 좋아. 말하게 해 줘."

"뻔뻔한 줄 아는데 이제 안 되겠다. 양심, 죄책감 다 모르겠고 한 가지 확실한 건 내가 너를 너무 사랑한다는 거다."

드라마 속 남자 주인공이 극 중 연인에게 했던 사랑 고백이다. 고백은 자신이 마음속으로 생각하고 있는 것이나 감추어 둔 것을 사실대로 숨김없이 말하는 것으로 타의에 의해서가 아니라 자의에 따라 스스로 해야 의미가 있다.

드라마 속에서든 현실에서든 이런 고백이 쉽지만은 않다. 상당 시간 고민하고 머뭇거리는 것은 물론, 용기를 내야만 할 수 있다. 그리고 모든 고백이 다 받아들여지는 것도 아니다.

고백하는 내용은 비단 사랑뿐만이 아니다. 시간을 거슬러 올라가면 아우구스티누스는 자신의 삶 속에서 지은 죄를 '고백록'이라는 작품을 통해 고백하고 있다. 당시의 사회상이나 그의 지위 등을 가늠해 보면 한눈에 보기에도 그의 고백이 쉽지만은 않았을 것이라는 짐작이 가능하다.

한편 사람들은 사랑이나 종교적인 고백(confession) 외에도 자신이 알고 있거나 밝혀낸 학문적 진리나 진실 등을 많은 사람 앞에 나서서 말하기도 했다. 주로 전문직(profession), 전문가(professional), 교수(professor) 등 특정 분야에 대한 해박한 지식과 풍부한 경험을 쌓은 이들이 자신의 생각과 의견을 고백한 것이다. 천동설 중심 사회에서 지동설을 제시했던 코페르니쿠스와 그에 대한 지지를 했던 갈릴레오 갈릴레이를 떠올려보면 된다.

이렇게 살펴보면 고백이란 특정한 상황에 놓여 있거나 특별한 사람만이 하는 것처럼 보인다. 실제로 지금까지의 고백은 주로 기존의 사회적 통념 혹은 질서에 반하거나 자신이 새롭게 알게 된 사실을 말해 왔기 때문이다.

그러나 고백은 더 많은 상황과 사람들에게 열려 있다. 자신이 알고 있는 것뿐만이 아니라 자신이 모르고 있다는 것과 자신이 실수했다는 것까지도 고백의 범주 내에 들어올 수 있기 때문이다.

이와 같은 고백을 위해서는 무엇보다도 자기 인식과 용기가 필요하다. 자기 인식이 부족한 경우에는 모르는 것을 아는 척하거나 실수한 것조차 모르기 때문에 고백하기가 어렵다. 또한 용기는 두려움이 없어야 나오는 것이 아니라 오히려 두려움을 알고 있는 상태를 극복한 가운데 나오는 것이기에 어떤 내용이 되었든지 간에 고백은 여전히 만만치 않은 일임에는 틀림이 없다.

오늘날에는 이러한 자기 인식과 용기를 '리더'의 특성 중 하나로 보고 있다. 이렇게 보면 리더는 고백할 수 있는 사람이기도 하다. 그렇다면 리더는 무엇을 고백할 수 있어야 할까? 먼저 구성원들에 대한 신뢰와 사랑이다. 다음으로는 자신의 가지고 있는 미션, 비전, 가치 등 신념 체계에 대해 고백할 필요가 있다. 아울러 자신의 과오나 부족함에 대한 고백 역시 빠질 수 없다. 이 밖에도 생각해 보면 고백해야 할 내용이 적지는 않다.

이런 것을 꼭 말로 해야 하나? 그렇다. 고백하면 달라지기 때문이다. 당신의 고백은 오해나 갈등을 불식시키는 촉매제가 될 수도 있고 신뢰를 강화할 수 있는 기폭제가 될 수도 있다.

question 032

나의 스토리에는
어떤 단어들이 등장하는가?

21세기, 천사, 슬기, 사랑, 글로벌, 기쁨, 미래, 꿈나무, 미소, 행복 등과 같은 단어를 사용하는 곳이 있다. 바로 유치원이다. 국내 유치원 이름 중에서 지명이나 종교, 법인, 동물, 식물 등을 나타내는 단어를 제외하면 아이들이 앞으로 이러한 삶을 살거나 이와 같은 모습이 되기를 바라는 마음을 표현한 단어들이 많이 사용되고 있다는 것을 알 수 있다.

그러나 막상 성인이 되어서는 유년기에 접했던 단어들과는 사뭇 거리가 있는 삶이나 모습 속에 있는 자신을 발견하게 되는 경우가 있다. 여러 가지 이유가 있을 수 있다. 소위 말하는 치열한 경쟁이나 불경기, 사회문화적 환경 등이 한몫을 하고 있다는 것도 부인하기 어렵다.

그런데 이와는 조금 다른 측면에서 바라보면 또 다른 이유를 찾을 수 있다. 먼저 초등학교와 중고등학교 명칭을 떠올려 보았으면 한다. 아마도 위에서 언급한 유치원 명칭과는 결이 다른 명칭들이 상대적으로 많다는 것을 직관적으로 알 수 있다. 이와 함께 성인이 되어 가면서 자주 사용하거나 접하는 단어들을 떠올려보면 지금의 삶이나 모습이 투영된 단어를 빈번하게 사용하고 있다는 것 또한 알 수 있다.

 의식을 하든 하지 않든 간에 특정 단어나 모습에 자주 노출되다 보면 자연스럽게 익숙해지고 익숙해지는 만큼 점점 그 모습이 되어가게 되는 것이다. 마케팅이나 심리학에서는 이를 두고 단순노출효과(Mere Exposure Effect)라고 한다.

 '에펠탑 효과'로 일컬어지기도 하는 단순노출효과는 에펠탑과 같이 만들어지기 전에는 그 재료와 모양에 반대했지만 건설 과정을 계속 지켜보다 보니 오히려 친숙해졌다는 것으로 처음에는 관심도 없거나 혹은 싫어하던 대상도 계속해서 마주치게 되면 나중에는 친근해져서 호감을 갖게 되는 것을 의미한다.

 그래서 우리는 일상에서 사용하는 단어나 표현에 특히 관심을 가져야 한다. 그 단어와 표현이 자신의 삶에 스며들기 때문이다.

 이와 관련해서 TV를 통해 알려진 실험이 있다. A그룹에게는 노인과 관련된 단어들을 제시하고 B그룹에게는 청년과 관련된 단어들을 제시한 후 단어를 읽기 전과 후의 걸음 속도를 비교한 실험이다. 실험 결과 해당 단어에 노출되기 전에는 두 그룹 모두 걸음 속도의 차이가 없었으나 노인과 관련된 단어에 노출된 그룹은 걸음 속도가 느려졌고 청년과 관련된 단어에 노출된 그룹은 걸음 속도가 빨라진 것이다. 비단 걸음 속도만 달라졌을까? 아니다. 단지 특정 단어에 노출되었을 뿐인데 표정도 달라지고 감정도 달라졌다.

이런 현상은 일상에서 빈번하게 발생한다. 어떤 일이든 할 수 있다고 말하는 사람은 결국 하게 되고 할 수 없다고 말하는 사람은 못 한다. 당신이 선택한 단어나 표현이 당신을 움직이기 때문이다.

이제 당신의 삶이나 일과 관련된 키워드를 적어보자. 당신은 어떤 단어들이 떠오르는가? 어떤 단어에 익숙하고 자주 노출되어 있는가? 만일 그 단어들이 마음에 들지 않는다면 마음에 드는 단어로 바꿔야 한다. 사용하는 단어와 표현을 바꾸면 당신의 모습이나 삶이 바뀔 수 있다. 당신의 스토리는 당신이 적은 대로 전개된다.

question _____ 033

나의 능력을 발휘하기 위해
무엇을 하고 있는가?

떠오르는 생각이 있어 가방 속을 뒤적거리다가 펜 한 자루를 찾았다. 그런데 종이 위에 단 한 글자도 적을 수 없었다. 펜 속의 잉크가 나오지 않았기 때문이다. 자주 쓰는 펜이 아니어서 잉크가 부족하거나 다 썼을 리는 없는데 몇 번을 종이 위에 끄적거려 봐도 마찬가지였다.

생각해 보니 그 펜을 구입한 지가 꽤 오래된 듯했다. 그동안 거의 사용하지 않았으니 아마도 잉크가 굳어버렸을 가능성이 크다. 결국 그 펜은 굳어버린 잉크와 함께 버려졌다. 계속 사용하지 않아 굳어버린 잉크를 가지고 있는 펜은 더 이상 그 기능을 발휘할 수 없기 때문이다. 물론 구입 당시에는 잘 써졌지만 말이다.

그런데 이와 같은 경우는 비단 필자의 펜에서만 발견할 수 있는 것은 아니다. 머릿속에는 맴도는데 막상 설명하기가 쉽지 않거나 새로운 아이디어가 떠오르지 않아 힘든 것도 하나의 예가 될 수 있다. 그리고 마음먹은 대로 몸이 움직이지 않거나 주변에 대한 무관심이 커진 것도 그렇다.

그러나 잠시 예전을 돌아보면 지금과는 조금 달랐을 수도 있다. 무엇인가에 대해 물어보면 바로 대답을 하거나 번뜩이는 아이디어가 샘솟은 시절도 있었을 것이고 궁금하면 물어보는 것이나 새로운 것에 관심을 보이는 것이 자연스러웠을 때도 있었을 것이다. 날렵하게 몸을 움직여 공을 잡았던 때는 물론, 어렸을 때 주변의 어른들을 보고 자연스럽게 인사하거나 작은 일에도 웃으며 박수치고 반응했던 적도 떠오를 것이다.

이처럼 예전에는 잘 되었지만 지금은 그렇지 못한 것들이 있다면 그 이유 중 하나는 그러한 생각이나 행동 등을 일상에서 반복하지 않았기 때문이라고 할 수 있다.

개인이 지닌 지식, 기술은 물론, 태도에 이르기까지 대부분의 경우 이미 보유하고 있는 능력이거나 해봤던 경험 혹은 할 수 있는 것일지라도 일정 기간 방치하거나 반복해서 하지 않으면 점차 그 기능은 퇴화하기 마련이다. 사용하지 않아 굳어버린 잉크와 다를 바 없다.

그래서 예전만 못하다는 생각이 들거나 실제로 그렇게 느껴진다면 한숨을 내쉴 것이 아니라 다시 시작해 봐야 한다. 이러한 증상을 나타내는 것들의 상당수는 조금만 시도해 보면 예전의 상태로 되돌아갈 수 있는 경우가 많다. 이미 스스로가 그 능력과 경험을 갖고 있기 때문이다.

어떤 능력이 일정 기간 동안 사용되지 않거나 발휘되지 못해 퇴화했다는 것을 역으로 생각해 보면 일정 기간 동안 다시 반복하면 제 기능을 발휘할 수 있다는 것이기도 하다.

이와 관련해 과거나 현재의 능력을 포함해서 앞으로 갖추게 될 능력에 이르기까지 언제든지 다시 복원해서 제 기능을 발휘하고 싶은 것이 있다면 그 능력이나 기능이 숙달될 때까지는 끊임없이 반복해서 연습해야 한다. 이는 비단 신체적인 기능이나 능력에 한정되는 것은 아니다. 생각하거나 표현하는 능력 등을 포함해 대부분의 경우가 해당한다. 어떤 것이 되었든지 간에 이 과정은 대부분 길고 지루하다. 그러나 이러한 과정을 거치지 않는다면 당신이 필요할 때 해당하는 기능이나 능력이 발휘되기 어렵다.

나는 언제 하데스의 모자를 쓸 것인가?

죽음의 신으로 알려진 하데스(Hades)에게는 신묘한 모자가 하나 있었다. 머리에 쓰면 자신은 상대방을 볼 수 있지만 그들의 눈에는 자신의 모습이 보이지 않는 모자였다. 그리스·로마 신화에 나오는 페르세우스(Perseus)는 이 모자를 쓰고 메두사(Medusa)를 처치하기도 했다.

물론 하데스의 모자는 신화 속 사물이기에 현실에는 존재하지 않는다. 그러나 우리 주변을 둘러보면 다양한 형태로 변형된 하데스의 모자가 존재하고 있는 것 같다.

일례로 다른 사람 몰래 설치한 카메라나 녹음기 등과 같은 기기를 들 수 있다. 나는 보거나 들을 수 있는데 상대방은 그렇지 못하기 때문이다. 기기뿐만이 아니다. 자신의 과오를 비롯해서 문제가 될 수 있는 특정한 무엇인가를 감추려는 마음이나 행동도 하데스의 모자라고 할 수 있다.

이렇게 보면 오늘날 하데스의 모자를 찾거나 쓰려는 이유들은 신화 속 페르세우스와는 사뭇 다르다. 많은 경우 올바르지 않은 일이나 떳떳하지 못한 일을 하는 데 필요하기 때문이다.

그런데 하데스의 모자는 그렇게 쓰면 안 된다. 자신은 다른 사람을 볼 수 있지만 다른 사람의 눈에 자신은 보이지 않는 모자는 나를 감추고 타인을 보기 위해 쓰기보다는 스스로를 성찰하기 위해 써야 한다.

일상에서 하데스의 모자를 통해 스스로를 성찰해 볼 수 있는 방법 중 하나는 그 모자가 없더라도 할 수 있는 일인지를 자문해 보는 것이다. 일반적인 상황이라면 자신의 말이나 행동을 감추어 가면서까지 해야 하는 일은 그리 많지는 않을 것이다. 따라서 어떤 일을 계획하고 실행으로 옮기기 전에 이러한 질문을 해 본다면 그 일을 해야 할지 혹은 하지 말아야 할지에 대한 올바른 선택을 할 수 있다.

다음으로는 그 모자가 벗겨져 자신의 현재 모습이 상대방에게 노출되더라도 부끄러움이 없는지를 스스로 질문해 보는 것이다. 이런 질문은 의도는 좋았지만 진행되는 과정에서 잘못된 방향으로 가는 것을 방지할 수 있고 무리수를 두는 상황도 막을 수 있다.

이 두 가지 질문만으로도 스스로의 생각과 행동을 돌아보기에 충분하다.

한편 하데스의 모자는 타인에게 힘이 되어 주어야 할 때도 써야 한다. 예를 들어 피로가 누적된 가족, 친구, 동료가 있다면 하데스의 모자를 쓰고 그의 책상 위에 음료수 한 개 정도를 올려다 놓을 수도 있다. 격려와 응원의 메시지까지 붙어 있다면 더할 나위 없다. 매니토(manito)를 떠올려보면 된다.

  이 밖에도 생각해 보면 하데스의 모자를 써야 할 때는 많다. 다만 당신이 어떤 의도를 가지고 쓸 것인지는 스스로가 선택해야 한다. 당신의 선택에 따라 하데스의 모자를 쓴 당신은 다른 사람의 삶에 활력소가 되기도 하고 그렇지 않을 수도 있다. 자, 이제 당신 앞에 하데스의 모자가 놓여 있다고 생각해 보자. 당신은 이 모자를 언제 무엇을 하기 위해 쓸 것인가?

리·더·와·팔·로·워·와·틀·위·한·절·문·1·0·1

2부

관계에 대한 질문

question 035

나는 어떻게 배려하고 있는가?

'이게 다 너를 위해서야' 혹은 '너를 위해 준비했어'라는 말을 듣거나 해 본 적이 있는가? 이와 같은 말은 표면적으로 상대방에 대한 배려에서 나오는 말이다.

그러나 우리는 배려를 함에 있어 종종 여우와 두루미처럼 행동하는 경우가 있다. 이솝우화에 나오는 여우와 두루미는 상대방을 위한 저녁을 준비하고 서로를 초대했지만 결과적으로 마음의 상처만 입게 되었다. 서로 입 모양이 달랐던 여우와 두루미가 자신이 먹기 편한 용기에 음식을 담아왔기 때문인데 이는 상대방이 아닌 자신에 대한 배려가 더 컸기 때문이다.

이런 측면에서 보면 그동안 나름대로 배려했다고 생각하는 것이 혹 상대방에 대한 배려이기보다는 나만의 배려, 나만의 만족이 아니었는지에 대한 걱정이 앞선다. 그리고 나 혼자 생각하고 행동하면서 그것이 내가 할 수 있는 최선의 배려라고 생각한 적이 한두 번이 아니었다는 생각에 절로 고개가 숙여진다.

자신에 대한 배려가 커지면 부지불식간에 이기적인 생각과 행동으로 이어지게 된다. 겉으로는 상대방을 생각하는 것처럼 보이지만 궁극적으로 나에게 이익이 될 만하거나 손해는 안 볼 것이라고 예상되는 결과를 바라보기 때문이다.

배려(背戾)의 사전적 의미는 '여러모로 자상하게 마음을 쓴다'라는 것이지만 간혹 그 배려가 너무 지나치거나 혹은 너무 부족해서 문제가 생기고 오해가 생기는 일도 종종 있다.

그렇다면 진정한 배려를 위한 바탕은 무엇일까? 상대방을 배려하기 위해서는 우선 나의 관점이 아닌 상대방의 관점에서 봐야 할 것이다. 내가 아무리 좋은 의도를 가지고 심사숙고해서 행동한다 하더라도 경우에 따라서는 상대방에게 불쾌감을 주거나 실례를 범하게 될 수도 있기 때문이다.

다음으로는 상대방에 대한 관심이 있어야 한다. 관심이 없는 나만의 행동은 자칫 상대방에게 상처를 줄 수도 있으며 오해를 불러일으키기도 하고 때에 따라서는 아니함만 못할 수도 있기 때문이다.

마지막으로 상대방이 행복해지기를 바라는 마음이 있어야 한다. 내가 상대방에게 배려를 함으로써 생기는 기쁨을 느끼는 것은 나중의 일이다. 그보다는 나의 배려를 통해 행복해하는 상대방을 보며 행복감을 느껴야 한다. 사촌이 땅 사면 배 아프다는 식의 사고방식이나 인간관계에 있어서 승패(勝敗)라는 이분법적인 관점을 가지고 있는 사람은 절대 배려를 할 수가 없는 것이다.

  누군가를 배려한다는 것은 참 아름다운 일이다. 배려를 해 줌으로써 얻게 되는 개인적인 행복감은 뒤로하더라도 배려를 받은 상대방은 물질적인 보상과는 비교도 되지 않는 행복을 느끼게 되기 때문이다. 단, 그 배려가 나만의 배려가 되지 않도록 주의해야 한다. 상대방을 고려하지 않은 나만의 배려는 결과적으로 자신에게도 도움이 되지 않는다.

question 036

나는 마침표와 느낌표를
얼마나 쓰고 있는가?

　우리가 책을 읽거나 글을 쓸 때 사용하는 문장 부호 중에는 마침표와 느낌표가 있다. 글자 그대로 마침표는 한 문장을 끝내는 부호이다. 그래서 마침표가 들어간 문장은 그 자체의 의미를 가지고 있다. 그리고 어떤 사실이나 상황 등에 대한 명확한 표현을 한다는 측면에서 보면 느낌표도 마찬가지이다. 느낌표가 들어간 문장은 명쾌할 뿐만 아니라 무엇인가를 함께 하고자 하는 추진력과 동참 의식을 불러일으키기도 한다.

　반면에 말줄임표가 많은 문장은 읽는 이로 하여금 호기심은 자아낼 수는 있을지언정 명확한 의미를 전달하거나 의사를 표현하기에는 부족하다. 그런데 신기하게도 이러한 문장 부호가 가진 의미와 우리의 삶이 크게 다르지 않음을 알 수 있다.

　가만히 살펴보면 우리 주변에서 일어나는 크고 작은 사건의 많은 부분은 바로 마침표와 느낌표 대신 말줄임표가 난무한 결과라고 볼 수도 있다.

어떤 사건이나 문제의 발생은 그 일과 관련해서 듣는 사람과 보는 사람 그리고 느끼는 사람들 모두가 각자의 기준과 감정에 의해 생각하고 판단하는 것에서 시작된다. 따라서 마침표나 느낌표를 찍을 수 없는 말 뒤에는 당연히 구설수가 있게 마련이고 결국 오해를 불러일으켜 문제를 만드는 것이다. 말줄임표 뒤에는 상대방 마음대로 생각해도 좋다는 묵시적인 허락이 숨어있으니 어찌 보면 당연한 일이다.

일례로 고민에 빠진 사람이 상담을 해 왔을 때 마침표나 느낌표가 있는 해결 방안을 제시하지 못하고 오히려 말줄임표와 물음표가 가득한 말을 했을 때 오히려 문제가 더 커지기도 하며 업무에 발전이 없고 타성에 빠져들게 된다. 또한 구성원 사이에 마침표와 느낌표가 없는 언행이 만연되어 있으면 서로 간에 오해나 갈등이 자연스럽게 나타나게 될 수도 있다.

따라서 우리는 가급적 마침표와 느낌표가 있는 언행을 해야 하며 그렇게 하기 위해 노력해야 한다. 물론 이와 같은 마침표와 느낌표가 있는 답을 하기 위해서는 해당 분야에 대한 전문적인 지식과 실무능력을 키우는 것이 필요하다. 그리고 다른 분야라고 할지라도 일정 부분의 지식과 경험을 가지고 있어야 한다. 아울러 일에 대한 자신감과 성실함도 필요하다는 것은 두말할 나위가 없다.

이제 우리는 지금껏 쉼표와 말줄임표 속에서 나 자신만을 보호하며 살아온 것은 아닌가 되새겨 볼 필요가 있다. 만일 이제껏 자신의 삶에 마침표나 느낌표 하나조차 없다고 생각되면 앞으로 마침표와 느낌표가 있는 삶을 살기 위해 노력해 보자. 나에 대한 자신감과 솔직함에서 나오는 마침표와 느낌표가 있는 삶은 나 자신에게는 물론, 모든 사람들에게 상쾌함을 주고 유익하지만 쉼표와 말줄임표로 가득 찬 삶은 모두에게 정답 없는 물음표만 던져 온갖 의문과 혼란만 가중시키기 때문이다.

question 037

나는 하나 더 준비하고 있는가?

　예전 직장에서의 일이다. 보통은 출퇴근용 버스를 이용해서 출퇴근을 하지만 그날은 평상시와 달리 승용차로 움직였다. 좌석에 앉아 이어폰 속에서 흘러나오는 아침뉴스를 들으며 가끔은 피곤을 이기지 못해 버스 창문에 머리를 부딪히며 출근하는 모습과는 달리 눈부신 햇살을 맞으며 시원스레 뚫린 도로를 달려 출근했다.

　퇴근할 무렵 일찍 먹은 점심 탓인지 다소 허기를 느껴 편의점에서 간식과 음료수를 하나 샀는데 왠지 모르게 음료수에 손이 한 번 더 갔다. 함께 동승한 사람도 없었고 중간에 만날 사람이 있었던 것도 아닌데 말이다.

　그러나 불과 10여 분 만에 필자는 톨게이트에서 바쁜 손을 움직이고 있는 직원과 만나게 되었다. 이제까지 수십, 아니 수백 번에 걸쳐 톨게이트를 통과하면서도 필자는 한 번도 그 직원이 내가 일상생활에서 만나는 사람 중 한 명이라고 생각해 본 적이 없었다. 말 그대로 그냥 스쳐 가는 사람이며 어쩌면 톨게이트라는 교통 시스템의 일부라는 생각이 필자의 머릿속에 자리 잡고 있었기 때문일 것이다.

그런데 문득 요즘같이 무더운 날 차에서 나오는 열기와 지열 그리고 좁은 공간에서 반복적인 일을 하며 근무하는 직원들에게 감사한 생각이 들었고 요금을 내기 두세 번째쯤 퇴근 전 편의점에서 하나 더 구입했던 음료수를 집어 들었다.

요금을 맞춰내지 않으면 거스름돈과 함께 음료수를 되돌려 줄 것 같아 금액을 맞춰 필자의 차례가 되었을 때 통행요금과 함께 아직 냉기가 식지 않은 음료수를 그 직원분께 건네주었다.

무슨 대단한 일을 한 것도 아닌데 집으로 가는 길 내내 기분이 좋았다. 돌이켜 보니 이제껏 살아오면서 필자가 필요한 것만 준비하거나 필자에게 직접적으로 요청하는 것만 준비하면서 살아왔는데 그날에서야 비로소 필자와 가족이 아닌 다른 사람에게도 필요한 것, 다른 사람이 요청하지 않은 것도 준비했기 때문이다.

그날 이후 필자는 한 가지 습관을 갖기 위해 노력하고 있는데 그것은 바로 하나 더 준비하기다.

작게는 자판기를 이용하러 갈 때 동전 몇 개를 더 준비하는 것으로부터 업무적으로는 누군가의 부탁을 받고 자료를 준비할 때도 여분의 자료를 추가로 준비한다. 또한 어떤 문제를 해결하기 위해 모인 자리에서도 준비된 내용 이외에 몇 개의 대안을 준비하기도 한다.

무엇인가를 하나 더 준비하게 되면 결과는 차치하더라도 준비하는 과정 속에서 많은 것을 얻게 된다. 우선 이해의 폭이 넓어진다. 내 입장에서만 생각하지 않고 다양한 관점과 타인의 입장에서 접근해 볼 수 있기 때문이다. 또한 행동의 격이 달라진다. 한 가지만 생각하고 접근한 행동에서는 보여주기 어렵거나 놓치기 쉬운 것이 많지만 하나를 더 준비하면 고려되는 내용들이 많아지기 때문이다.

한동안 인생 1막이니 2막이니 하는 말들이 오고 갔던 적이 있다. 인생 1막이 나를 생각한 삶이라면 인생 2막은 타인을 생각하는 삶이지 않을까? 타인을 생각하는 삶의 시작이 하나 더 준비하는 것이라고 한다면 당신은 타인을 위해 무엇을 더 준비할 것인가?

question 038

나는 왜 팔로워가 되어야 하는가?

당신은 당신의 자녀가 조직에 필요한 팔로워(follower)가 되기를 바라는가? 이 질문은 수년 전 미국에서 열린 한 컨퍼런스에서 나온 것이다. 이 질문에 대해 그렇다고 응답한 사람은 100명 중 몇 명이나 될까? 결과는 아무도 없다는 것이다.

리더(leader)에 대한 이야기, 리더십에 대한 관심이 주를 이루고 있는 시대상을 반영하면 그리 놀랍지도 않은 결과로 보일 수 있다. 실제로 구글에서 리더십을 검색하면 약 264만여 건의 연구자료가 나오는 반면, 팔로워십에 대한 검색 결과는 2만여 건이 채 되지 않는다. 만일 위 질문의 내용이 팔로워가 아닌 리더(leader)였다면 상당수의 사람들이 그렇다고 응답했을 것이다.

팔로워가 되기를 바라지 않은 사람들은 대체로 팔로워라는 용어에 대한 부정적인 선입견을 가지고 있거나 팔로워가 리더의 반대 개념이라고 인식하고 있다.

그러나 실제는 조금 다르다. 먼저 팔로워는 부정적 용어도 아니고 리더의 반대 개념도 아니다. 팔로워는 단순히 부하라는 개념이 아니라 리더와 함께 조직의 공유된 목표를 달성하는 사람이며 이를 위해 리더뿐만 아니라 다른 구성원들에게도 영향력을 미치는 사람이다. 다시 말해 팔로워와 리더는 역할의 차이만 있을 뿐 조직 내에서 본질적인 가치는 다르지 않다.

그리고 현실에서 한 개인은 리더의 역할과 팔로워의 역할을 동시에 수행하는 경우가 많다. 예를 들어 팀장이라고 하면 팀 내에서는 리더로서의 역할을 수행하지만 조직 전체로 보면 팔로워로서의 역할도 수행하고 있다. 더욱이 리더라고 할지라도 팔로워의 역할수행에 더 많은 시간을 할애하는 경우가 많다. 따라서 리더와 팔로워를 이분법적으로 구분하기보다는 두 가지 역할의 균형을 맞추도록 노력하는 것이 필요하다. 만일 두 가지 역할 중 한 가지에만 치중해서 균형이 이루어지지 않는다면 개인 및 조직의 성과는 물론, 만족도도 기대하기 어렵다.

그래서 최근에는 팔로워를 리더의 첫 번째 모습이라고 표현하기도 한다. 팔로워십을 잘 발휘하는 팔로워가 궁극적으로 리더십을 잘 발휘하는 리더가 된다는 것이다.

팔로워로서 팔로워십을 잘 발휘하기 위해서는 무엇보다 리더에 대한 신뢰가 필요하다. 리더를 신뢰한다는 것은 자신과 마찬가지로 리더 역시 조직이 추구하는 사명과 가치에 기반해서 생각하고 행동

한다는 것에 대한 믿음이다.

　다음으로는 실행력이 있어야 한다. 불평이나 불만을 토로하기보다는 이를 개선하거나 바꿀 수 있어야 한다. 새로운 아이디어나 계획이 있다면 말이나 글로 끝맺는 것이 아니라 손발이 움직여야 한다. 그리고 해당 분야에 대한 전문성을 갖추어야 한다. 전문성이 결여된 상태에서의 조언이나 행동은 오히려 역효과를 가져올 수 있다.

　리더가 되고 싶은가? 그렇다면 먼저 팔로워가 되어야 한다. 모든 리더들은 거의 예외 없이 팔로워 시절을 지나왔다. 다만 제대로 된 팔로워가 되어야 한다. 단순히 리더를 따르기만 하는 팔로워가 되기보다는 리더의 파트너로서 제 역할을 수행할 수 있는 팔로워가 되어야 한다. 이런 팔로워가 절실해지는 시점이다.

question   039

나를 움직이게 만든 것은 무엇인가?

당신은 혹시 지금 두 발로 걷고 뛸 수 있게 된 것이 저절로 이루어졌다고 생각하는가? 만일 그렇게 생각한다면 시간을 거슬러 올라가 한두 살 때쯤으로 돌아가 보자. 물론 당신은 그 당시의 기억을 떠올릴 수 없겠지만 주변을 돌아보면 그 또래의 아기들을 볼 수 있다.

갓 태어난 아기는 바로 두 발로 걸을 수 없다. 대부분 누워서 지내다가 시간이 흐르면서 주변의 사물을 잡고 일어서기 시작한다. 이렇게 무엇인가에 의존해 일어선 이후에 힘겹게 한 발을 내딛지만 곧 바닥에 주저앉는다.

바로 이때가 당신에게는 중요한 순간이었다. 이 순간이 지금 당신을 걷게 만든 순간이기 때문이다. 당신이 지금 걷거나 뛸 수 있다면 당신은 분명히 당신의 부모님으로부터 "잘했어.", "대견하다." 등의 긍정적인 말을 들었을 것이다. 단 한 발짝, 그것도 가까스로 내딛고 주저앉았지만 말이다.

그다음은 더 중요하다. 한 발을 내디딘 이후 어느 정도의 시간이 흐르고 나면 이제는 한 번에 두세 발 정도 걸을 수 있게 되지만 다시 주저앉게 된다. 그때 당신의 부모님은 어떤 말을 했을 것 같은가? 혹시 "그것밖에 못 걸어?", "지금까지 뭐 했어?" 등의 말을 했을까?

아니다. 당신의 부모님은 여전히 "잘했어.", "대견하다." 등의 말과 함께 "지난번보다 더 잘 걷네.", "조금만 더 있으면 뛸 수도 있겠다." 등의 말을 했고 당신은 그 말을 수도 없이 들었다.

그렇다. 지금 당신을 걷고 뛰게 만든 것은 바로 부모님의 말이다. 더 정확하게 말하면 긍정적인 말과 기대가 바로 당신을 걷고 뛰게 만든 것이다. 일종의 피그말리온 효과(pygmalion effect)이다.

행동의 변화나 개선은 결코 다그침이나 질책으로는 기대하기 어렵다. 오히려 긍정적인 말로 격려해 주고 긍정적인 기대를 갖는 것이 더 효과적이다. 공부하는 것, 운동하는 것, 일하는 것 등 당신이 지나온 길을 하나하나 돌이켜보면 확인할 수 있다.

긍정적인 말과 기대는 사람의 행동을 강화한다. 칭찬이 대표적이라고 할 수 있다. 많은 사람들이 어렸을 때는 크고 작은 칭찬을 많이 들었는데 성인이 되고 난 후 점점 칭찬을 듣는 횟수와 사례가 줄어든다고 한다. 누군가에게 칭찬을 하는 일도 많지 않다.

그러다 보니 무엇인가를 더 잘해보려는 생각이나 행동도 점차 줄어들게 되고 현실에 안주하거나 복지부동하는 모습이 나타나기도 한다.

누구나 자신에게 주어진 일, 자신이 해야 할 일 혹은 자신이 하고 싶은 일을 잘하고 싶은 욕구가 있고 그 주변 사람들은 그 사람이 그 일을 잘했으면 좋겠다는 기대가 있다.

이와 같은 욕구와 기대를 충족시키기 위한 쉬운 방법이 하나 있다. 게다가 이 방법은 강력하기까지 하다. 그것은 바로 긍정적인 말을 하는 것이다. 당신의 긍정적인 말 한마디로 인해 상대방의 생각이 바뀌고 행동이 바뀐다. 누워있던 당신이 걷고 뛸 수 있게 된 것도 부모님의 "잘했어.", "대견하다."라는 말 때문이었다.

나의 커뮤니케이션은 얼마나 스마트한가?

　TV 또는 잡지 등에서 재미있는 유머를 접한 후 다음날 주변 사람들에게 그 이야기를 했는데 특별한 반응을 보이지 않거나 오히려 분위기를 썰렁하게 만드는 경우가 종종 있다. 나는 정말 재미있게 보았던 내용이라 함께 공유하고 웃고자 했는데 상대방이 반응하지 않는 것이다. 집에 돌아와서 다시 보아도 여전히 재미있는데 왜 그들은 나의 말에 반응을 하지 않는 것일까?

　재미있는 이야기임에도 불구하고 상대방이 잘 반응하지 않는 것은 내용 자체가 재미없거나 흥미롭지 않아서라기보다는 말하는 사람의 표현방식에 문제가 있을 가능성이 크다.

　예를 들면 재미있는 내용을 빠짐없이 전달하고자 하는 마음이 앞서 말하고 있는 동안 자신의 표정에 변화가 없는 경우이다. 무표정한 상태에서 전달하는 내용은 상대방의 공감을 이끌어내기 어렵다. 말을 하는 데 있어 크고 작은 제스처가 빠져 있는 경우도 마찬가지이다. 제스처는 내용에 대한 이해를 돕고 사람들의 시선을 한곳으로 모으는 힘이 있는데 이를 전혀 사용하지 않는 경우에는 말하는 내용이 제대로 전달되지 않는다. 또한 목소리의 강약에 변화를 주지 않고 말을 하는 경우도 반응을 기대하기 어렵다. 목소리에 강약이 없는 경우, 다시 말해 강조해야 할 부분이 제대로 전달되지 않는 경우에 듣는 사람으로서는 그 시간이 한없이 길고 지루한 시간으로 다가올 가능성이 크다.

상대방의 반응을 이끌어내고 보다 원활한 커뮤니케이션을 기대한다면 표현하는 방식의 변화와 함께 보다 스마트(S.M.A.R.T)하게 접근해 볼 필요가 있다.

S는 소통에 있어 신속(Speed)해질 필요가 있음을 의미한다. 상대방으로부터 질문을 받거나 답변을 주어야 하는 경우 가능한 빠른 시간 내에 응답하는 것이 좋다. 커뮤니케이션은 주고받는 것이 기본인데 일방적으로 받기만 한다면 커뮤니케이션은 어려워진다.

M은 지속적으로 모니터링(Monitoring)을 해야 한다는 것을 의미한다. 커뮤니케이션을 위해서는 상대방에 대한 관심이 필요한데 이미 당신의 커뮤니케이션 대상자들은 수많은 SNS 공간에서 자신의 근황은 물론, 감정까지도 표현하고 있다. 상대방과의 형식적인 인사를 주고받기 싫다면 관심의 끈을 놓지 말아야 한다.

A는 말에 대한 진정성(Authenticity)을 보여주어야 한다는 것을 의미한다. 자신이 하고자 하는 말에 대한 진정성을 스스로 확인해

볼 수 있는 방법 중 하나는 자신이 상대방에게 한 말이 다음날 일간지 1면을 장식한다고 했을 때 과연 부끄럼이 없는가에 대한 자문자답만으로 가능하다.

R은 자신의 아집이나 고집을 제거(Remove)해야 한다는 것을 의미한다. 많은 경우 커뮤니케이션의 실패는 자신의 아집이나 고집에 기인한다. 커뮤니케이션은 이기고 지는 게임이 아니다. 나의 생각이 중요한 만큼 상대방의 생각도 중요하다는 생각을 가져야 한다.

T는 상대방에게 신뢰(Trust)를 주어야 한다는 것을 의미한다. 타인에게 자신의 신뢰도를 높이기 위해서는 자기중심적인 언행은 줄이고 언행의 일관성을 키워야 한다. 쉽지 않은 일이지만 커뮤니케이션의 성공이 서로에 대한 신뢰에서 비롯된다는 점에서 볼 때 결코 간과할 수 없는 부분이다.

혹시 자신이 재미있는 이야기, 의미 있는 이야기, 중요한 이야기를 하는데 상대방이 반응을 보이지 않는 것은 상대방의 문제라고 생각하는가? 만일 그렇다면 당신은 당신의 커뮤니케이션에 대해 착각하고 있는 것일 수도 있다.

착각이란 과거와 똑같은 행동을 하면서 전혀 다른 결과를 바라는 것으로도 설명된다. 기존의 방식대로 한다면 결국 그동안 얻었던 결과만이 되돌아올 뿐이다. 표현의 방식을 바꾸고 보다 스마트한 방식으로 접근한다면 당신이 기대하는 커뮤니케이션을 가져올 수 있다.

question _____ 041

나는 사람들을 어떤 관점으로 보는가?

한동안 성과를 창출하기 위해서는 당근과 채찍이 필요하다는 말이 회자된 적이 있었다. 잘 알고 있다시피 성과 창출을 위해서는 개인에게 적절한 보상과 처벌이 있어야 한다는 것이다. 실제로 많은 조직에서 이와 같은 접근 방식을 통해 크고 작은 성과를 창출한 것도 사실이다.

많은 사람들이 당근과 채찍을 선택한 이유 중 하나는 바로 사람을 보는 관점 때문이다. 산업화 시대에 이르기까지 사람을 보는 관점은 맥그리거(MacGregor) 교수가 제시한 X·Y이론 중 X에 가까웠다. 한마디로 사람은 믿을만한 존재가 아니며 책임지기를 싫어하고 돈과 같은 외재적 보상에 의해 움직인다는 관점이다.

만일 당신이 사람을 X로 바라보는 경우라면 사람에 대한 불신이 저변에 놓여 있으며 그러한 관점에서 이루어지는 활동은 지시와 확인, 통제 등의 방법으로 연계될 가능성이 크다.

이와 같은 상황 속에 있는 사람들은 위축되기 쉬우며 스스로의 의

지와 열정을 갖고 업무에 임하기보다는 타의에 의한 행동으로 이어져 업무에 대한 흥미를 느끼지 못하게 된다. 그러다 보니 성과는 기대에 미치지 못하게 되고 그 결과 사람은 확인하고 통제하지 않으면 안 된다는 당신의 생각은 점점 더 확고해지게 된다. 일종의 악순환이 시작된 것이다.

그런데 정말 사람이 그런 존재인가? 당신은 정말 믿을만한 존재가 아니며 책임지기를 싫어하고 돈에 의해 움직이는가?

이에 대한 답은 당신이 '그렇지 않다'라고 힘주어 말하지 않아도 이미 여러 사례를 통해 증명되고 있다.

일례로 백과사전의 대명사로 손색이 없는 위키피디아에서 활동하는 사람들은 당구과 채찍에 의해 움직이는 사람들이 아니다. 그들은 자발적으로 참여하면서 스스로 즐거움을 찾는 것은 물론, 별도의 외재적 보상도 없지만 전 세계 그 어느 백과사전도 따라올 수 없는 탁월한 성과를 창출해 내고 있다.

위키피디아를 비롯해서 남다른 성과를 창출하고 있는 조직에서는 사람들을 X가 아닌 Y로 바라보고 있다.

Y로 바라본 사람은 자신이 세운 목표에 스스로 매진하는 것을 좋아하며 기본적인 욕구만 충족된다면 사람들은 내적인 동기부여를 통해 자신의 능력을 최대한 발휘하고자 노력하는 사람이다.

당신이 Y로 사람을 보는 경우라면 어떤 일을 할 때 구성원들에 대한 신뢰가 바탕이 된 가운데 하고 있는 일에 대한 의미와 가치를 부여하고 참여와 촉진, 공유 등의 방법을 통해 그들의 잠재력과 자발성을 이끌어내는 데 중점을 둘 것이다.

이와 같은 상황에 있는 구성원들은 자연스럽게 자신의 일에 대한 주인의식을 갖게 되며 다양한 아이디어를 제시하는 것은 물론, 다양한 시도를 해 봄으로써 기대한 것 이상의 성과를 창출하게 될 것이다.

시대가 변화함에 따라 사람을 보는 관점도 변하고 있다. X의 관점으로 접근한 당근과 채찍의 유효기간은 산업화 시대까지였다. 이 시대에 사람을 보는 관점은 X가 아닌 Y라고 할 수 있다. 만일 이 시대에 살고 있는 당신이 아직도 당근과 채찍을 선호한다면 사람이 아니라 말을 키우는 편이 더 나을지도 모른다.

question 042

나의 경쟁력은 무엇인가?

많은 사람들은 비록 그럴 수밖에 없었을 것이라고 생각되는 상황일지라도 상대방으로부터 막말을 듣거나 비인격적인 대우를 받는 경우 그리고 상대방이 버릇없는 행동을 하는 경우에 심기가 불편해진다. 또한 정도에 따라서는 자신의 심기를 건드린 상대방의 언행을 그대로 따라 하게 되는 경우도 있다. 싸움이 시작되는 것이다.

그러나 이와 반대되는 경우도 있다. 심기가 불편해질 수밖에 없는 상황임에도 불구하고 이를 직접적으로 표출하는 것이 아니라 우회해서 표현하거나 부드럽게 해결하는 것이다. 이를 달리 표현하면 매너 있게 말하고 행동하는 것이라고 할 수 있다.

매너 있는 언행은 자신의 격(格)을 높이기도 하지만 상대방으로 하여금 그 자신이 존중받고 있으며 배려받고 있다는 것을 알려주는 신호이기도 하다. 그래서 우리는 매너 있는 사람을 만나게 되면 기분이 좋아지고 더 오랜 시간을 함께하고 싶어진다.

또한 매너 있는 사람들은 그렇지 않은 사람들에 비해 상대적으로 성공의 가능성이 크다. 이미 개인적, 사회적으로 성공한 미국 컬럼비아 대학교의 MBA 과정 수강생을 대상으로 당신의 성공에 가장 큰 영향을 준 요인을 물었을 때 응답자의 93%가 매너라고 응답했다는 사실은 우리 사회에서 매너의 중요성을 말해주는 잘 알려진 사례이기도 하다.

그런데 이와 같은 사례는 당신에게도 있다. 당신의 삶에서 중요한 순간을 떠올려보면 쉽게 접할 수 있다.

당신은 입학, 취업 또는 승진을 위한 면접에서 어떻게 말하고 행동했는가? 당신은 약혼자와의 데이트에서 어떻게 말하고 행동했는가? 그리고 당신은 중요한 내부 또는 외부 고객과의 미팅에서 어떻게 말하고 행동했는가?

혹시 당신은 그 순간 무례하게 말하고 버릇없이 행동하고 자신이 편한 자세를 취했는가?

아마도 아닐 것이다. 그 순간 당신은 상대방에게 최대한 정중하게 말하고 격식 있게 행동했으며 상대방이 보기에 불편하지 않은 자세를 취했을 것이다. 한마디로 매너가 있었을 것이다. 만일 그렇지 않다면 당신은 지금의 그 자리에 있기 어려웠을 수도 있다.

그렇다면 매너란 과연 무엇인가? 작게는 어떻게 하면 상대방을 불편하게 만들지 않을까에 대한 생각에서 비롯된 행동이라고 볼 수 있다. 그리고 보다 넓게 생각해 보면 어떻게 하면 자신으로 인해 상대방이 행복해질까에 대한 생각에서 비롯된 행동이기도 하다.

　매너 있는 행동을 하기 위한 방법 중 하나는 자신의 입장이 아닌 상대방의 입장에서 생각하고 말하고 행동하는 것이다. 우리는 간간이 미디어를 통해 일명 '매너 손'이라는 장면을 접하기도 하는데 이는 단적으로 상대방을 불편하지 않게 하면서 상대방을 행복하게 만드는 행동을 보여주는 것이 아닌가?

　시대의 변화에 따라 그리고 사회의 변화에 따라 개인에게 요구되는 경쟁력도 변화되어 왔다. 그럼에도 불구하고 변하지 않는 경쟁력이 있다면 그것은 바로 매너라고 할 수 있다. 만일 당신의 경쟁력에 매너가 빠져 있다면 더 이상 미룰 일이 아니다.

question 043

나는 사랑을 실천하고 있는가?

'사랑의 상처가 있다.'라고 하면 흔히 멜로 영화나 드라마에서나 나옴직한 대사쯤으로 들리거나 서로 사랑하는 남녀가 여러 가지 주변의 사정으로 인해 불가피하게 헤어져 얼마간의 시간이 흐른 뒤에나 조심스럽게 이야기하는 정도로 여겨진다.

그런데 필자는 이러한 드라마 속 이야기가 아닌 진짜 사랑의 상처를 본 적이 있다. 친구에게 자신의 간을 기증한 분인데 그분의 배에는 열십자 모양의 큰 상처가 남아있었다.

종종 언론을 통해 간 또는 신장을 이식해 준 사람에 대한 이야기를 듣고 단순히 '저 사람 참 대단하다'라고만 생각했지 자신의 간을 기증하기까지의 고민과 수술에 따른 고통 등은 전혀 생각지도 못했다. 그런데 실제 간 기증자를 보니 신체의 일부를 기증한다는 것이 그리 단순한 일은 아니라는 생각이 들었다.

그분은 간 이식을 결정하게 된 동기가 단지 사랑을 실천하기 위해서라고 했다. 그동안 필자는 기껏해야 헌혈 몇 번 한 것 가지고 이 세상에서 내가 할 수 있는 사랑을 다 실천한 것처럼 행동했는데 그분을 보니 한없이 작아지는 느낌이었다.

물론 장기를 기증했다고 해서 그 사랑이 헌혈한 것보다 더 크고 소중한 것은 아니라고 생각한다. 그리고 남을 돕기 위해 기부한 돈의 액수가 중요한 것도 아니라는 것도 잘 알고 있다.

우리가 생각해 보아야 하는 것은 바로 생각을 넘어 실천까지 했느냐이다. 다른 사람을 제쳐두고 나만 보더라도 생각만 있지 막상 행동으로 옮기지 못한 경우가 수두룩하다.

가령 지나가다 보게 된 혈액원이나 헌혈차를 보면 돌아가기 바쁘고 지하철이나 거리 등에서 도움을 요청하고 있는 이들을 보면 애써 외면한다는 것이다. 굳이 핑계를 대자면 나 말고도 할 사람이 많고 내가 도와주면 오히려 더 자립심이 없어져 궁극적으로는 득보다 해가 될 거라는 생각을 하면서 말이다. 지금 생각하니 지나친 편견이었고 안 해도 되는 걱정이었다.

그래서 생각을 바꾸기로 했다. 스스로 사랑의 상처를 만들어 보기로 한 것이다. 주변을 둘러보면 사랑의 상처를 조금만 낼 수 있는 경우도 많은 것 같다.

헌혈하고 나면 하루 정도 생기는 팔뚝의 주삿바늘 자국이 사랑의 상처일 수도 있고 갈증을 해소하기 위해 산 음료수를 무거운 짐을 들고 가는 할머니에게 선뜻 주는 것도 나의 갈증을 참는 것과 비교하면 사랑의 상처일 것이다. 수많은 점들이 모여 하나의 선이 되는 것처럼 우리 사회에 필요한 사랑의 울타리도 그렇게 형성되는 것이라고 생각한다.

그리고 내 주변 사람들에게 사랑의 상처를 하나쯤 만들라고 권유하고 싶다. 요즘처럼 세상살이가 힘들어도 이곳저곳에서 사랑의 상처를 만드는 이들이 있기에 우리 사회는 더 아름답게 변하는 것 같다. 우리가 살맛 나는 세상이라고 말하는 것도 바로 누군가 나를 위해 사랑의 상처를 입는 것을 주저하지 않았기 때문이 아닐까?

나는 무엇을 교환하고 있는가?

갑돌이와 갑순이는 왜 헤어졌을까?

그 이유를 짐작하게 하는 노랫말을 소개하면 다음과 같다. "갑돌이와 갑순이는 한마을에 살았더래요. 둘이는 서로서로 사랑을 했더래요. 그러나 둘이는 마음뿐이래요. 겉으로는 음~ 모르는 척했더래요."

이유를 확인했는가? 그렇다. 그들이 헤어진 이유는 서로가 갖고 있던 사랑의 감정을 교환하지 않았기 때문이다.

우리는 보통 무엇인가를 얻기 위해서 교환을 한다. 일상에서 필요하거나 원하는 물품은 현재 통용되는 화폐를 통해 대부분 교환이 가능하다.

그러나 일상에서 필요한 것이 물품만은 아닐 것이다. 특히, 미국의 미래학자 존 나이스비트(John Naisbitt)가 제시한 것처럼 하이테크(high-tech) 시대를 넘어 하이터치(high-touch) 시대로 접어들면서 그 어느 시대보다 인간의 감정적인 측면이 부각되고 있는데 이는 화폐로 교환되기 어려운 영역이기도 하다.

그렇다면 감정은 무엇을 통해 교환할 수 있을까? 상대방으로부터 받기를 원하는 감정이 있다면 나는 무엇을 주어야 할까?

근사치에 접근한 답 중 하나는 자신이 상대방으로부터 받고 싶은 감정을 상대방에게 먼저 전달하는 것이 아닐까 싶다. 즉 사랑받기를 원한다면 자신도 사랑하는 감정을 표현해야 한다는 것이다. 누군가에게 사랑받기를 원하는 사람이 정작 상대방을 짜증나게 하거나 화나게 만든다면 사랑이라는 감정의 교환은 이루어지지 않는다. 그리고 감정이 교환되지 않는 마음의 공간에는 오해와 갈등이 자리 잡게 된다.

앞서 소개한 갑돌이와 갑순이를 다시 생각해 보자. 만약 그들 중 한 명이라도 먼저 자신이 상대방에게 갖고 있던 사랑의 감정을 표현하고 서로가 감정 교환을 했다면 훗날 각기 다른 장소에서 밤하늘에 떠 있는 달을 보면서 울지는 않았을 것이다.

이번에는 자신을 다시 되돌아보자. 당신은 최근에 배우자, 자녀, 친구, 동료들과 어떤 감정을 교환했는가? 그 감정은 당신도 받거나 간직하고 싶은 감정이었는가?

당신이 받고 싶지 않은 감정을 상대방으로부터 받았다면 그 사람을 탓하기보다는 자신을 먼저 되돌아볼 필요가 있다. 아마도 당신이 먼저 그 감정을 상대방과 교환하고자 했을 가능성이 있기 때문이다.

question 045

나의 신뢰도를 어떻게 보여 줄 수 있는가?

혹시 녹색 신호등이 켜진 횡단보도를 건너면서 매번 사방을 경계하며 건너간 적이 있는가? 마치 어떤 차가 정지 신호를 무시하고 나에게 달려들지 모르는 불안감에 휩싸인 채 말이다.

필자의 경우 아직 그런 일은 없었고 앞으로도 없을 것이다. 그 이유는 필자와 관계가 있건 없건 간에 어떤 운전자라 할지라도 신호를 무시하면서 필자에게 달려들지 않을 것이라는 신뢰가 있기 때문이다.

이러한 신뢰는 우리 주변에도 아주 많이 존재한다. 필자는 TV 스위치를 누르면서 감전의 위험이나 브라운관이 터질지도 모른다는 두려움을 느끼지 않는다. TV를 만드는 사람들의 기술과 안전의식은 물론, 안정된 정격전압을 공급하는 기관에서 종사하는 사람들을 신뢰하기 때문이다.

운전을 하지만 운행 중에 내 차의 바퀴가 빠져 버리는 등의 다소 황당한 일이 벌어질 것이라는 상상이나 걱정을 하지 않는다. 자동차 제조 회사의 직원과 정기적으로 검사받는 자동차 정비사의 기술을 신뢰하기 때문이다.

이와 함께 평시에는 경찰과 소방관이, 유사시에는 군인이 필자와 내 가족의 생명과 재산을 보호해 주리라는 것을 신뢰한다. 만일 이와 같은 신뢰가 없다면 아마 이 사회에서 단 하루도 살기 어려울 것이다.

이러한 신뢰의 기반은 개인의 인격과 역량이라고 할 수 있다. 그리고 신뢰의 정도를 수식으로 표현한다면 개인의 인격과 역량의 곱셈 관계로 나타날 것이다. 즉 인격은 훌륭하나 역량이 없다면 신뢰하기 어렵고 반대로 역량은 뛰어나지만 인격이 온전하지 못하다면 이 역시 신뢰하기 어렵다는 것이다. 앞서 제시한 운전자, 제조사 직원, 경찰, 소방관, 군인 등을 신뢰할 수 있는 이유는 우리가 이들의 인격과 역량 모두를 신뢰하기 때문이다.

만약 그들이 인격적으로 문제가 없지만 해당 직무를 수행할 수 있는 역량이 부족하다면 아마도 우리는 그들과 그들이 수행하고 있는 일을 온전히 신뢰하기 어려울 것이다. 또한 그들의 직무수행 역량이 출중하더라도 인격적으로 문제가 있다면 마찬가지로 신뢰하기 어려울 것이다. 실제로 어떤 사람에 대한 신뢰의 문제가 생기는 대부분의 경우는 개인의 인격과 역량의 결핍이나 부족 또는 불균형에 기인하며 이와 같은 사례는 동서고금을 막론하고 쉽게 떠올려 볼 수 있다.

　당신은 가정에서, 학교에서, 조직에서 그리고 사회에서 신뢰할 수 있는 사람인가? 다시 말해 당신은 자신의 일을 함에 있어 인격적으로 문제가 없고 해당 직무를 수행할 수 있는 역량을 갖추고 있는가?

　누군가를 신뢰한다는 것은 단순히 믿는 것이 아니라 그 사람이 온전한 인격과 필요한 역량을 갖추고 있음을 믿는 것이다. 따라서 당신의 신뢰도를 높이기 위해서는 꾸준히 수양하고 배우고 익히는 과정이 필요하며 상대방으로부터 신뢰받기 위해서는 믿어달라는 말이 아니라 당신의 마음과 행동을 보여주어야 한다.

question 046

나는 어떻게 질문하는가?

'똑딱, 똑딱, 똑딱, 똑딱⋯⋯.'

시곗바늘이 움직이는 소리가 아니다. 이 소리는 필자가 주말에 탁구장에서 아이와 탁구를 하면서 서로 공을 주고받을 때 나는 소리다. 일명 랠리(rally)가 이어지고 있는 것이다.

탁구를 할 때는 이 소리가 적어도 수십 번은 끊이지 않아야 서로 재미를 느낄 수가 있다. 한두 번 주고받고 공이 바닥에 떨어지면 공을 줍기에 급급해 이내 지치게 되고 흥미도 반감된다.

이는 탁구뿐만이 아니다. 두 명 이상이 함께 하는 구기 운동은 정해진 공간과 규칙 안에서 서로 공을 일정 횟수 이상 주고받을 수 있을 때 지속할 수 있다.

그런데 이와 같은 주고받음이 끝나는 경우가 있다. 한쪽에서 상대방에게 일명 스매시(smash)를 가할 때이다. 이 경우에는 이미 작정하고 가한 것이라 상대방과 더 이상 랠리(rally)가 이어지기는 쉽지 않다.

어쩌다 한 번이라면 몰라도 매번 이렇게 되면 상대방이 나와 운동을 계속하고 싶은 것인지에 대한 의구심이 생기면서 그 사람과는 함께 운동하기가 꺼려진다. 서로의 실력 차이에서 오는 거리낌이라기보다는 상대방에 대한 배려와 존중의 차이에서 오는 거리낌이 크기 때문이다.

이러한 상황은 우리의 일상에서도 종종 발견된다. 특히, 커뮤니케이션하는 상황을 들여다보면 전혀 다르지 않다는 것을 알 수 있다.

커뮤니케이션은 랠리, 즉 쌍방향(two-way)이 기본이다. 서로 주고받음이 없다면 진정한 커뮤니케이션이 되기 어렵다.

커뮤니케이션을 잘하는 사람들은 무엇보다도 상대방이 하는 말을 잘 경청하는 것으로 알려져 있다. 이때 경청은 단순히 귀로 듣는 것만이 아니라 상대방이 한 말에 대해 적극적인 반응을 보이는 것까지를 포함한다.

예를 들어 상대방으로부터 "나 지금 피곤해."라는 말을 들었을 때, 단순히 "좀 쉬어."라고 말하는 것이 아니라 "정말 많이 피곤해 보이네. 무슨 일 있어?"까지 말하는 것이 경청에 포함되는 것이다. 그리고 이 장면이 곧 커뮤니케이션에 있어 상대방과 랠리가 시작되는 시점이기도 하다.

반면 같은 상황이지만 "뭐가 피곤해?" 혹은 "안 피곤한 사람이 어디 있어?" 등의 말은 상대방에게 일종의 스매시를 가하는 것이다. 이렇게 커뮤니케이션하는 사람과는 더 이상의 대화가 이어지기도 어렵고 앞으로의 발전된 관계를 기대하기도 어렵다.

커뮤니케이션을 잘하는 사람들의 또 다른 점은 경청뿐만 아니라 질문도 남다르다는 것이다. 일례로 그들은 어떤 일에 대해 준비가 더딘 상황을 보면서 "아직도 안 됐어?"라고 묻기보다는 "잘 되고 있지?" 또는 "언제쯤 될까?"라고 묻는다.

그들은 과거형, 부정형의 질문이 아니라 긍정형, 미래형 질문을 구사한다. 과거형, 부정형의 질문은 문제에 대한 변명을 이끌어내는 질문이고 미래형, 긍정형의 질문은 문제를 해결하기 위한 질문이기 때문이다. 당연히 과거형, 부정형의 질문은 상대방에게 스매시를 가하는 질문이고 긍정형, 미래형의 질문은 상대방과 랠리를 이어 나가는 질문이다.

상대방과 원활하고 효과적인 커뮤니케이션을 기대한다면 먼저 자신이 어떻게 커뮤니케이션을 하고 있는지 생각해 볼 필요가 있다. 그리고 필요하다면 어제와 다른 방식으로 접근해야 한다.

당신의 커뮤니케이션은 상대방과 랠리를 하고 있는가 아니면 상대방에게 스매시를 가하고 있는가?

question 047

나는 어떻게 행복을 주고 있는가?

내가 가는 길이 험하고 멀지라도 그대 함께 간다면 좋겠네.
우리 가는 길에 아침 햇살 비치면 행복하다고 말해 주겠네.
이리저리 둘러봐도 제일 좋은 건 그대와 함께 있는 것.

(중략)

때론 지루하고 외로운 길이라도 그대 함께 간다면 좋겠네.
때론 즐거움에 웃음 짓는 나날이어서 행복하다고 말해 주겠네.
이리저리 둘러봐도 제일 좋은 건 그대와 함께 있는 것.

위의 글은 남성 듀엣 해바라기가 부른 '그대 내게 행복을 주는 사람'이라는 노래의 가사이다. 리더십에 대한 관심을 가지고 이와 관련된 연구와 강의 등을 해오고 있는 필자에게 이 노래의 가사는 남다른 의미로 다가온다. 이는 조직의 규모나 특성에 관계없이 모든 리더들이 구성원들로부터 들어야 할 내용이기 때문이다.

수년 전 필자는 한 매체와의 인터뷰에서 리더란 어떻게 하면 자신의 구성원들을 행복하게 만들어 줄 수 있을까를 고민하고 이를 실현시켜 주기 위한 영향력을 발휘하는 사람이라고 말한 적이 있다.

구성원들을 행복하게 만들어주기 위한 고민을 한다는 것은 분명 매력적인 일이다. 구성원들이 행복해지려면 무엇을 어떻게 해야 하는지에 대해 고민하면서 일터로 향하는 자신의 모습을 상상해 보면 쉽게 알 수 있다. 그리고 이런 측면에서 볼 때 리더는 선천적으로 타고난다기보다는 후천적으로 습득되고 육성된다는 말에 힘이 더 실린다. 구성원들을 행복하게 만들어 주기 위한 고민을 하는 것은 굳이 타고 나야만 할 수 있는 것이 아니기 때문이다.

또한 필자는 리더십이란 구성원들의 행복을 실현시켜 주기 위해 필요한 역량 및 영향력이라고 표현하기도 했는데 구체적인 내용들은 이미 과학적으로나 경험적으로 많이 알려져 있다. 몇 가지만 예를 들면 가슴 뛰는 비전이나 구체적인 목표를 제시하는 것, 동기를 유발시키는 것, 커뮤니케이션을 잘하는 것, 합리적인 의사결정을 하는 것, 갈등을 효과적으로 관리하는 것, 구성원들의 다양성을 인정하고 배려하는 것 등을 비롯해서 현저한 성과를 창출하는 것 등에 이르기까지 다양하다.

물론 이와 같은 역량들을 습득하고 적용할 수 있는 방법들은 대부분이 책으로 출판되거나 교육 프로그램으로 개발되어 있다. 그리고 수많은 리더와 예비 리더들은 자의에 의해서건 타의에 의해서건 이를 습득하고 구성원들의 행복을 실현하기 위해 직·간접적으로 리더십을 발휘하고 있다.

그런데 리더십을 발휘하는 데 있어 간과하지 말아야 하는 것이 있다. 그중 하나는 구성원들이 추구하는 행복은 시대에 따라 혹은 처한 상황에 따라 다르다는 것이다.

매슬로우(Abraham H. Maslow)의 욕구 단계설에 비추어 보면 의식주나 안전의 욕구가 절실한 구성원들이 바라는 행복과 관계나 자아실현의 욕구가 있는 구성원들이 원하는 행복에는 차이가 있다.

이 점을 생각해 보면 모든 조직이나 구성원들에게 천편일률적으로 적용할 수 있는 리더십을 찾기는 그리 수월하지 않음을 알 수 있으며 과거의 성공적인 리더십이 현재와 미래에도 통할지는 알 수 없다. 따라서 구성원들의 행복을 위한 리더들의 고민은 조금 더 깊어져야 하는 것이 현실이다.

당신은 리더로서 어떤 고민을 하고 있는가? 당신이 하고 있는 고민은 어떻게 하면 구성원들의 행복에 대한 것이 맞는가? 아울러 당신은 그 고민을 해결하기 위해 무엇을 하고 있으며 앞으로 무엇을 하려고 하는가?

당신이 이와 같은 고민을 하고 있고 그 고민을 해결하기 위해 계획하고 실행에 옮기고 있는 것이 있다면 당신은 행복한 사람임에 틀림없다. 그리고 노랫말 속의 '그대' 역시 당신일 가능성이 크다.

question 048

나는 숨겨진 장점을 어떻게 찾아내는가?

요즘에는 거의 없지만 수년 전에는 많은 잡지에 숨은그림찾기 코너가 있었다. 글자 그대로 그림 속에 숨겨진 그림을 찾는 것인데 불과 몇 초 만에 찾을 수 있는 쉬운 그림도 있는 반면, 몇 분을 계속 보고 있어도 찾기 어려운 그림이 있다. 결국 이런 그림은 다음 장에 있는 해답을 보고 나서야 알 수 있다.

숨은 그림을 잘 찾는 방법 중 하나는 그림을 다른 방향에서 보는 것이다. 정면으로만 봤을 때는 보이지 않던 그림이 아래에서 보거나 좌측 또는 우측에서 보면 나타나는 경우가 많다. 경우에 따라서는 그림을 거꾸로 놓았을 때 숨은 그림을 발견하기도 한다.

또 다른 방법은 다른 사람과 함께 찾는 것이다. 분명히 같은 그림을 보고 있는데 자신에게는 보이지 않던 그림이 옆 사람에게는 보이는 경우가 많다. 이럴 때면 숨겨진 그림을 찾은 사람을 다시 보게 되고 어떻게 찾았는지 물어보기도 한다.

이렇게 해서 숨은 그림을 찾으면 일시적인 즐거움을 느낄 수 있다.

그렇지만 필자를 비롯해서 많은 이들이 즐거움을 느끼기 위해 일상에서 숨은 그림을 찾지는 않는다.

그런데 일상에서 숨은그림찾기처럼 숨겨져 있는 무엇인가를 찾으며 즐거움을 느낄 수 있는 것이 있다. 즐거움뿐만이 아니다. 당신이 찾은 무엇인가로 인해 한 사람의 삶이 바뀔 수도 있다. 그것은 바로 가족, 친구, 동료 등 자신을 둘러싸고 있는 주변 사람들의 장점이다. 특히, 그들의 숨은 장점을 찾아야 한다. 당신이 찾은 장점은 상대방을 움직이게 만드는 힘이자 에너지원이기도 하다.

그러나 장점을 찾는 것은 말처럼 쉽지 않다. 일례로 필자가 청중들을 대상으로 그들과 함께 일하는 동료들의 장점을 적거나 말해달라는 요청을 하는 경우, 대부분의 청중들은 한참의 시간을 필요로 한다. 그리고 그들이 적거나 말한 장점들은 대부분의 사람들에게 적용해도 무리가 없을 만큼 일반적이며 포괄적이다.

이와 같은 결과가 나온 이유를 조금 과장되게 표현해 본다면 평소 자신의 주변에 있는 사람들이 가지고 있는 장점에 대해 생각한 적이 많지 않고 특별히 찾으려고 하지도 않았기 때문이라고 할 수 있다. 상대방의 장점을 잘 모르고 찾지도 않으니 서로의 장점이 부각되지도 않고 장점 간 시너지를 일으키는 장면을 보는 것도 쉽지 않다.

그렇다면 내 주변 사람들이 지닌 각각의 장점을 찾기 위해서는 어떻게 해야 할까?

먼저 그 사람을 집중해서 볼 필요가 있다. 집중해서 본다는 말은 곧 관심을 가지고 본다는 말이기도 하다. 관심을 갖고 보면 크지는 않지만 그동안 보이지 않았던 그 사람만의 많은 장점들이 보이기 시작한다.

다음으로는 그 사람을 생각하면서 볼 필요가 있다. 그 사람을 생각한다는 것은 그 사람이 처한 상황에 대한 이해와 공감을 바탕으로 한다. 생각하면서 보게 되면 그 사람만의 차별화된 장점들을 발견하게 된다.

마지막으로는 그 사람의 장점을 찾고자 하는 의지를 가지고 볼 필요가 있다. 이를 위해서는 숨은 그림을 찾는 것과 마찬가지로 상대방을 다른 측면에서 바라보는 것이 필요하며 주변 사람들이 하는 말에 귀를 기울여 볼 필요가 있다. 장점을 찾겠다는 의지를 갖고 보면 그 사람의 잠재력까지 보이게 된다.

이제 당신 주변에 있는 많은 사람들의 숨은 장점 찾기를 시작할 때가 되었다. 그동안 보이지 않았던 그들의 장점을 하나씩 하나씩 찾을 때마다 느낄 수 있는 즐거움을 느끼기 바란다. 아울러 당신이 찾은 장점을 상대방에게 말해 주고 그 장점이 돋보이게 만들어 주기 바란다. 이것은 당신이 리더십을 발휘하는 첫걸음이기도 하다.

question 049

나는 프로크루스테스의 침대를
어떻게 치우는가?

그리스 신화에 등장하는 프로크루스테스는 길을 지나가는 나그네를 붙잡아 자신의 침대에 눕힌 후 키가 커서 침대를 벗어나면 발을 잘라 죽이고 키가 작아서 침대가 남으면 발을 잡아당겨 사람을 죽인 것으로 알려져 있다.

일단 그의 침대에 눕게 된 사람들은 살아서 나올 수 없었는데 그 이유는 프로크루스테스가 숨겨진 장치를 이용해서 침대의 길이를 자기 마음대로 조절했기 때문이다.

일명 프로크루스테스의 침대라고 일컬어지는 이 이야기는 자신이 세운 일방적인 기준이나 원칙에 다른 사람들이 무조건 따라야 한다는 생각을 가지고 있는 경우나 자신의 주장을 굽히지 않는 경우 그리고 타인의 상황을 고려하지 않는 경우 등에 비유되기도 한다.

상상 속에서나 있을 법한 수천 년 전의 이야기가 지금도 회자되고 있는 것은 비록 보이지는 않지만 아마도 우리의 마음속 한구석에 프로크루스테스의 침대가 놓여 있기 때문이 아닐까 생각해 본다. 그리고 모든 가구가 그렇듯이 프로크루스테스의 침대 역시 일단 일정한 공간을 차지하고 나면 금세 익숙해지거나 편안해져서 쉽게 치우지 못하게 되는 것 같다.

프로크루스테스의 침대는 일상에서 여러 가지 모양으로 다가온다. 먼저 떠올려지는 것은 바로 자신의 경험이다. 자신의 경험이라는 침대는 자신에게만 맞는 크기여서 다른 사람에게는 맞지 않을 수 있으며 개인적인 부분이라 쉽사리 공감되지 않는 경우도 많다. 따라서 이와 같은 침대 위에서 다른 사람들과 함께 무엇인가를 해결해 보고자 한다면 생각만큼 쉽지 않을 수 있다.

또 다른 모양의 침대는 자신의 지식이다. 잘 알고 있는 바와 같이 세상의 모든 지식을 섭렵하고 있는 사람은 없다고 해도 과언이 아니다. 그럼에도 불구하고 자신이 알고 있는 한 줌가량의 지식을 마치 절대적인 기준인 양 생각하고 이를 따라야 한다고 생각하는 경우가 종종 있다. 그런데 기존 지식의 유효기간이나 대체 또는 새로 발생하는 지식 등을 고려해 본다면 이와 같은 기준이나 접근 방식은 그리 매력적이지 않다.

자신의 관점 역시 프로크루스테스의 침대의 한 종류다. 동일한 사물일지라도 바라보는 위치나 주시하는 것에 따라 달리 보이게 된다. 그런데 이 점을 간과한 채 자신의 관점을 강요하거나 타인의 관점을 존중하지 않는다면 이 역시 문제가 되거나 문제 해결에 방해가 될 수 있다.

  이 밖에도 자신이 속한 문화, 세대, 가치관 등이 자신만의 프로크루스테스의 침대가 될 수 있다. 이러한 침대들로 인한 위험이나 위기 또는 문제 발생 등을 예방하기 위한 방법 중 하나는 타인의 경험과 지식, 관점과 문화 등에 대한 다양성을 인정하고 존중하는 것이라고 할 수 있다.

  이제 다시 프로크루스테스 이야기로 돌아가 보자. 자신만의 일방적인 주장이나 기준, 원칙으로 침대를 만들고 그 위에서 사람들을 평가했던 프로크루스테스는 어떻게 되었을까? 당신이 그와 똑같은 결말을 맞이하고 싶지 않다면 당신 안에 있는 프로크루스테스의 침대를 하루라도 빨리 치우기를 바란다. 옆으로 슬쩍 밀어 놓는 것 정도가 아니라 아예 당신 마음의 방에서 빼내야 한다.

question _____ **050**

나는 누구를 돋보이게 하는가?

　일반적으로 학위논문은 다른 읽을거리에 비해 상대적으로 더 많은 딱딱한 표현과 단어들로 채워져 있다. 그래서 논문을 쓰거나 읽으면서 감동을 받는 경우는 흔치 않다.

　필자의 경우도 다를 바 없다. 그러나 수년의 시간이 흘렀어도 여전히 논문을 펼쳤을 때 설레는 페이지가 몇 장 있다. 그것은 바로 감사의 글인데 조금 더 과장해서 표현하면 논문을 쓸 때보다 더 많이 고민하고 한 줄 한 줄 정성스럽게 쓴 것 같다.

　감사의 글 속에 등장하는 분들을 다시 한번 생각해 봤다. 그분들은 필자가 논문을 쓸 당시에 논문과 관련하여 직접적인 도움을 주셨던 분들도 있지만 한편으로는 시기적으로나 내용상으로 필자의 논문과는 무관한 분들도 있다. 그렇다면 그분들은 필자에게 어떤 분들인가? 필자는 왜 그분들에게 감사를 표했을까?

　필자는 이제야 그 답을 찾아냈다. 필자가 감사를 표했던 분들은 그동안 가정에서 학교에서 군(軍)에서 그리고 직장에서 필자에게 모범을 보인 것은 물론, 올바른 방향을 제시하고 이끌어주셨던 분들이었기 때문이다. 한 마디로 필자의 삶 속 리더였던 것이다.

그런데 조금 더 생각해 보니 이분들을 필자의 리더라고 말할 수 있는 이유는 따로 있었다. 그것은 매사에 자신보다는 필자가 돋보일 수 있도록 음으로 양으로 지원을 아끼지 않으신 분들이라는 것이다.

그렇다. 리더는 자기 자신이 아니라 자신의 팔로워를 돋보이게 만드는 사람인 것이다.

일례로 운동선수들은 자신의 감독을 리더로 생각한다. 실제로 감독은 해당 종목 운동선수들의 리더이기도 하다. 그런데 감독이 선수들에게 명목상 리더가 아닌 진정한 리더가 되기 위해서는 매사에 감독 자신보다는 자신의 선수들이 돋보일 수 있도록 해야 한다. 그 과정에서 보여주는 감독의 진정성 있는 말과 행동 그리고 능력이 바로 그의 리더십을 말해주는 것이다.

또한 만일 어떤 선수가 실수나 잘못을 범해 감독으로서 이에 대한 지적이나 피드백을 해야 한다면 이 역시 그 선수 때문에 자신이 돋보이지 못할 것을 걱정해서가 아니라 그 실수나 잘못으로 인해 해당 선수가 돋보이지 못할 수도 있다는 걱정에서 비롯되어야 한다. 이렇게 되면 리더로서 어떻게 커뮤니케이션하고 코칭을 해야 하는지가 보다 더 자명해진다.

우리 사회에는 스포츠 감독뿐만 아니라 수많은 곳에 리더가 존재한다. 부모나 교사 역시 자녀와 학생들에게는 리더임에 틀림이 없다. 조직 내에서도 직급 또는 직책상 리더가 있다. 이들 모두 리더로서 제 역할을 하거나 인정을 받기 위해서는 자신이 아니라 자신의 팔로워를 돋보이게 만들겠다는 생각과 능력을 갖추어야 한다.

보통 리더라고 하면 그 누구보다도 리더 자신이 돋보여야 한다고 생각하는 경우가 많은데 실제로는 그렇지 않다. 오히려 리더를 돋보이게 하려다 보면 여러 무리수를 두게 되고 결과적으로 나락으로 떨어지게 된다는 것을 동서고금의 다양한 사례가 알려주고 있다.

당신이 리더라면 그리고 리더가 될 사람이라면 누구를 돋보이게 만들어야 하는지 다시 한번 생각해 봐야 한다. 이와 함께 어떻게 해야 그들이 돋보일 수 있을지에 대해서도 끊임없이 고민하고 노력해야 한다. 당신은 지금 누구를 돋보이게 하는 말과 행동을 하고 있는가?

question 051

나의 시간은 누구를 위해 채워지고 있는가?

연말이 되면 잊지 않고 구입하는 몇몇 물품이 있다. 그중에서도 빠뜨리지 않는 것은 노트 크기의 내년도 다이어리이다.

각종 기기와 소프트웨어를 통해 디지털 방식으로 일정을 기록하고 관리하는 것에 익숙하지만 다른 한편으로는 십 년이 넘도록 다이어리에 직접 펜으로 기록하는 아날로그 방식을 좋아하기 때문이다.

필자는 올해도 어김없이 내년도 다이어리를 구입했다. 아무 일정도 채워지지 않은 깨끗한 상태의 다이어리를 펼친 후 가장 먼저 기록한 것은 매년 변하지 않는 일정이다. 물론 변하지 않는 일정이라고 해봤자 가정사와 관련된 일들이 대부분이지만 결코 잊거나 간과할 수 없는 일정임에는 틀림이 없다.

이렇게 몇몇 일정이 다이어리에 우선적으로 채워지고 나면 대부분의 공간은 사실상 채워지지 않은 상태로 남아 있다. 지금까지의 경험으로 보면 이처럼 비어 있는 공간은 아마도 시간의 흐름에 따라 시시각각 발생하는 수많은 일들로 빼곡하게 채워질 가능성이 크다. 실제로 과거에 사용했던 다이어리를 펼쳐보니 비어 있는 공간은 그리 많지 않았다.

올해 역시 나름대로 바쁘게 살아왔다는 것에 스스로 만족스러워 하면서 그동안 어떤 일들로 필자의 다이어리가 채워졌는지를 살펴보게 되었다. 주로 업무 또는 업무와 직·간접적으로 관련된 일 그리고 사람들과의 만남, 각종 모임 등이 많았다. 당연하다고 생각했고 일반적이라고 생각했다.

그런데 가만히 생각해 보니 아쉬움이 남는다. 업무가 되었든 만남이 되었든 혹은 모임이 되었든지 간에 그 많은 시간들의 상당 부분은 나 중심적인 혹은 나를 위한 시간들로 채워졌기 때문이다.

물론 이렇게 채워진 시간들이 의미가 없거나 잘못된 것이라고 볼 수는 없다. 하지만 하루, 한 주, 한 달 그리고 일 년이라는 시간이 채워져 가는 동안 타인을 위한 시간들이 많지 않았다는 것에 대한 아쉬움과 부끄러움은 피할 수 없었다.

이와 같은 느낌에서 벗어날 수 있는 방법, 즉 당신의 시간을 타인을 위한 시간으로 채우는 것은 그리 어려운 일만은 아니다. 같은 일을 하더라도 어떤 마음으로 어떻게 접근하느냐에 따라 충분히 타인을 위한 시간으로 변환하여 채워나갈 수 있다.

일례로 당신이 해야 할 일 혹은 하고 싶은 일이 있다면 그 일이 자신에게 얼마나 중요하고 의미가 있으며 실패해서는 안 된다고 생각하는 것에 그치는 것이 아니라 당신이 하는 일이 타인에게는 어떤 의미가 있고 어떻게 도움을 줄 수 있는지 등에 대해서도 함께 생각해 보는 것이다. 이렇게 해보는 것만으로도 당신의 시간은 이미 타인을 위한 시간으로 채워져 나가고 있는 것이다.

당신의 시간을 타인을 위한 시간으로 채우기 위한 또 다른 방법 중 하나는 타인을 위해 언제 무엇을 할 것인지를 당신의 다이어리에 미리 기록해 놓는 것이다. 예를 들어 주말을 이용해서 봉사활동을 계획하는 것도 좋고 매달 이웃을 위한 성금을 조금씩 마련하는 것도 좋다. 머릿속의 생각을 기록하고 스스로 약속할 때 실천으로 이어지는 경우가 많다.

매년 연말이 되면 나오는 말 중의 하나는 다사다난했던 한 해가 저물어가고 있다는 것이다. 돌이켜보면 자신 중심적인 생각과 일 그리고 그것을 위해 채워진 시간들이 그 다사다난함을 만들었을지도 모른다는 생각이 든다.

이와 함께 매년 변함없이 새해가 밝는다. 당신의 새해는 누구를 위한 어떤 시간들로 채울 생각인가?

question 052

나는 어떤 이벤트를 준비하고 있는가?

잠깐 기억을 더듬어 사랑하는 가족들과 함께해서 행복했던 장면들을 떠올려보자.

한 살도 채 되지 않은 당신의 아이가 당신을 보고 웃는 장면이나 축하하고 기념할 날을 맞이한 배우자에게 선물을 주는 장면, 가족여행을 떠나는 차 안의 장면 등은 물론, 집안에 둘러앉아 다 함께 TV를 보거나 김이 모락모락 나는 따뜻한 저녁을 먹었던 일상의 소소한 장면들도 떠올려 볼 수 있을 것이다.

이번에는 절친한 친구들과 함께 있어 행복했던 장면들도 떠올려 보고 직장에서 동료들과 함께 웃었던 장면들도 떠올려보자. 바로바로 머릿속에 떠오르는 장면들이 있는가? 어떤 장면들이 떠오르는가? 떠올려 본 장면들로 인해 지금 당신은 미소를 짓고 있는가?

만일 당신이 이와 같이 행복했던 장면들을 바로바로 떠올릴 수 있다면 그리고 당신에게 그런 장면들이 다양하고 많다면 아마도 당신은 어려움에 처했을 때 상대적으로 훨씬 더 쉽고 빠르게 그 어려움을 극복할 수 있는 힘을 지녔다고 해도 과언이 아니다.

반면 정도의 차이는 있겠지만 누구나 살아가는 동안 각종 어려움에 직면하게 된다. 대인관계적인 측면에서 마찰이나 갈등을 겪기도 하고 업무상 잘 해결되지 않는 문제와 마주치기도 하며 자신이 의도하지 않은 환경이나 통제할 수 없는 상황 속에 빠지기도 한다.

이러한 어려움에 빠졌을 때 이를 극복하는 방법 중 한 가지는 당신의 머릿속에 저장되어 있는 행복한 장면들을 하나씩 하나씩 떠올려보는 것이다. 당신의 머릿속에 다양한 인물과 상황에 따른 행복한 장면들이 많으면 많을수록 당신이 처한 어려움에서 빠져나오는 것은 그리 오래 걸리지 않을 것이다.

일례로 만일 가족이나 동류와의 불화가 생겼다면 그들과 함께했을 당시의 행복했던 장면을 당신의 머릿속으로 소환해 보는 것이다. 또한 업무상 풀리지 않는 문제나 스트레스로 인해 고통받고 있다면 과거의 언젠가 작은 문제일지라도 해결해서 행복했던 장면을 끄집어내어 보는 것이다.

이렇게 해보는 것만으로도 심적인 안정을 취할 수 있고 현상을 보는 관점과 생각의 전환이 이루어져 문제 해결의 실마리가 풀리게 되는 경우가 많다.

문제는 당신에게 이와 같은 장면들이 없거나 많지 않을 때이다. 이렇게 되면 당신의 어려움은 심적으로 배가될 수도 있으며 점점 더 악화될 수도 있다.

　이를 예방하기 위해서는 수시로 이벤트를 만들어 볼 필요가 있다. 물론 당신이 준비하는 이벤트가 꼭 크거나 화려해야 하는 것은 아니다. 오히려 작고 소소한 것이 더 좋을 수도 있다. 당신이 계획하고 준비한 이벤트만으로도 이미 당신의 머릿속에는 행복한 장면들이 한 컷 한 컷 선명한 이미지로 남게 되기 때문이다.

　당신은 올해 어떤 이벤트를 계획하고 있는가? 당신이 준비한 이벤트는 순간의 행복도 전해주지만 다른 한편으로는 당신에게 닥친 어려움을 극복할 수 있는 당신만의 소중한 묘약이 될 수도 있다.

question 053

나는 낯선 사람들을 어떻게 대하는가?

많은 독자들도 경험했겠지만 필자 역시 학창 시절 친구들과 팀을 나누어 종종 운동 경기를 하곤 했다. 팀을 나누는 방법은 단순하다. 양 팀의 주장 격이 되는 친구들이 가위바위보를 통해 한 명씩 선택해 팀을 만들어 나가는 방식이다.

그런데 간혹 중간에 팀에 합류하는 친구들이 있다. 이른바 우리가 선택할 수 없었던 친구들이다. 이들은 보통 여러 가지 사정으로 인해 경기가 시작된 후에 운동장에 도착해서 선수가 부족한 팀이나 상대적으로 전력이 약한 팀에 자연스럽게 합류하게 된다. 물론 경우에 따라서는 외부의 영향을 받아 팀에 들어오기도 한다.

친구들끼리 하는 놀이의 일환으로 하는 경기지만 일단 시작되면 나름대로 치열한 승부가 펼쳐진다. 그런데 경기의 승패는 우리가 선택한 친구들보다는 우리가 선택할 수 없었던 친구들을 어떻게 대하느냐에 달려있다고 해도 과언이 아니다.

만일 예상치 못한 합류, 낯설거나 원하지 않았던 친구들이라고 해서 경기하는 내내 그들과의 거리를 두게 된다면 팀워크가 발휘되지 못해 경기가 잘 풀리지 않게 되지만 반대로 최대한 빠른 시간 내에 그들과 친밀감을 형성하고 손발을 맞춰 나간다면 경기에 이길 수 있기 때문이다. 물론 당신이 선택할 수 없었던 그 친구들을 어떻게 대할 것인가는 전적으로 당신의 몫이었다.

학창 시절을 지나온 지금, 사람들을 대하는 당신의 몫은 훨씬 더 커졌다. 더군다나 당신이 선택할 수 없는 사람들을 어떻게 대할 것인가를 결정하는 문제는 더욱 중요해졌다. 잘 알고 있겠지만 현실에서는 당신이 선택할 수 있는 사람들보다 당신이 선택할 수 없는 사람들이 훨씬 더 많다.

가족을 예로 들어보면 일반적인 경우 배우자는 당신이 선택할 수 있을지 몰라도 배우자를 제외한 다른 가족들, 심지어 당신의 부모님이나 자녀도 당신이 선택할 수 있는 사람들은 아니다. 학교나 직장 역시 마찬가지이다. 당신의 노력이나 능력 등으로 인해 학교나 직장은 선택할 수 있겠지만 그 안에서 만나는 사람들, 즉 선생님, 친구, 상사, 동료, 후배 등은 당신이 선택할 수 없는 사람들임에 틀림이 없다.

이제 당신은 당신이 선택할 수 없는 사람들을 어떻게 대할 것인가를 결정해야 한다.

먼저 당신이 선택한 사람도 아니고 당신 마음에도 들지 않으니 그들에게 무관심하거나 쌀쌀맞게 대할 수도 있고 의도적으로 무례하게 대하거나 도를 넘는 언행을 일삼을 수도 있다. 반면 당신이 선택한 사람이 아니기에 그들에 대해 더 많은 관심을 갖기 위해 노력하고 보다 친근하게 다가가 볼 수도 있으며 예의를 지키고 그들에게 필요한 도움을 줄 수도 있다.

당신은 어떤 결정을 할 것인가? 분명히 올 한 해도 당신이 선택할 수 있는 사람보다는 선택할 수 없는 사람들을 많이 만나게 될 터인데 당신은 그들을 어떻게 대할 생각인가?

혹 결정하기 어렵다면 경기의 승패는 당신이 선택할 수 없었던 친구들을 어떻게 대했느냐에 달려있었다는 점을 되새겨보자. 운동 경기뿐만 아니라 우리의 인생도 비슷하지 않을까?

question 054

나에게는 어떤 덤과 에누리가 있는가?

    일상의 거래가 이루어지는 곳에서 남녀노소 가릴 것 없이 자연스럽게 내뱉거나 들을 수 있는 말이 있다.

    그것은 '조금 더 주세요.', '조금만 깎아주세요.'라는 말인데 어떤 배경에서인지는 몰라도 이런 말은 우리나라를 여행하는 외국인들이 먼저 배우는 말이기도 하다. 물론 독자들도 귀를 열면 주변에서 그리 어렵지 않게 들을 수 있다.

    이와 같은 '조금 더 주세요.'라는 말과 '조금만 깎아주세요.'라는 말은 덤과 에누리로 표현해 볼 수도 있다. 잘 알고 있는 바와 같이 덤은 제 값어치 외에 조금 더 얹어 주거나 보태는 것을 의미하며 에누리는 제값보다 조금 더 깎는 것을 의미한다.

    그래서 우리는 주로 시장이나 식당에서 "조금 더 주세요."라는 말은 하는 경우가 많다. 실제로 이런 말을 했을 때 예상했던 것보다 많이 나오면 그야말로 감동이다. 반면 야박하다 싶을 정도로 나오면 추가로 더 받은 것임에도 불구하고 기분이 상하기도 한다.

한편 "조금만 깎아주세요."라는 말은 일상에서 무엇인가에 대한 값을 치를 때 흔히 들을 수 있는 말이다. 경우에 따라서는 사는 사람과 파는 사람 간에 적잖은 실랑이가 벌어지기도 한다. 하지만 그것도 잠시. 대부분의 경우에는 서로가 생각하는 적당한 수준에서 자연스럽게 조율이 이루어진다.

당연한 말이지만 제값에 비해 무엇인가를 더 받거나 혹은 제값보다 싸게 얻으면 기분이 좋다. 어떤 경우이건 기대한 것 이상의 결과를 얻게 되었기 때문이다. 그래서 덤과 에누리가 있는 곳은 오랜 시간이 흘러도 생각나고 다시 찾게 된다. 지인들에게 추천해 주기도 한다.

그런데 이와 같은 현상은 비단 물적인 거래에만 국한되지는 않는다. 인적인 관계에도 덤과 에누리는 많은 영향을 미친다.

돌이켜봤을 때 생각나는 사람, 오랜 시간이 흘렀어도 다시 찾게 되는 사람 그리고 주변의 지인들에게 소개해 주고 싶은 사람이 있다면 그 사람에게는 덤과 에누리가 있는 것이 분명하다.

그렇다면 덤과 에누리가 있는 사람은 어떤 사람일까?

덤이 있는 사람은 자신의 시간이나 재능, 노력 등을 상대방이 기대한 것 이상으로 제공하는 사람이다. 이들은 자기 자신보다는 상대방이 처한 상황을 이해하려고 하고 그들의 입장에 서서 생각하고 행동한다.

에누리가 있는 사람 역시 마찬가지다. 다만 이들은 상대방을 위해 자신이 가진 것이나 가져야 할 것을 자연스럽게 양보하는 것에 익숙하다. 주변을 살펴보면 이런 사람들이 꽤 있다. 대표적인 사람을 꼽으라면 부모라고 할 수 있을 것이다.

덤과 에누리의 공통점은 더 줄 것인지 혹은 덜 받을 것인지를 상대방이 아니라 자신이 결정한다는 것이다. 그리고 그 결정으로 인한 결과는 오롯이 자신이 가지고 가는데 이는 대인관계에 있어서도 다르지 않다.

이쯤에서 자신을 돌아보자. 당신에게는 덤과 에누리가 있는가? 당신이 생각하기에 타인과 함께 살아가면서 당신이 더 보태거나 줄 것은 무엇이고 덜 받거나 더 깎을 것은 무엇인가? 혹여 보태야 할 것과 깎아야 할 것이 뒤바뀌지는 않았는가?

나는 어떻게 나의 수준을 높이는가?

"이게 이해가 안 돼?", "내가 언제 그렇게 말했어?", "도대체 말귀를 못 알아먹어."

이와 같은 말들의 공통점이 있다면 주로 상대방에게 화가 났을 때 나오는 말이라는 것이다. 그리고 한 가지 더 있는데 이러한 말들은 누군가로부터 들어본 기억은 있지만 자신이 했던 기억은 거의 없다는 것이다. 이 점은 신기할 따름이다.

상대방에게 화를 내는 경우는 다양하겠지만 보통은 자신의 생각이나 말을 따르지 않아 몹시 못마땅하거나 언짢을 때일 것이다. 잘 알고 있겠지만 화를 내면 말뿐만이 아니라 얼굴 표정, 목소리, 행동 등 많은 것이 평소의 자신과는 달라진다. 목소리가 커지기도 하고 얼굴 표정이 바뀌기도 한다. 심한 경우라면 책상 등 주변에 있는 사물을 훼손하기도 한다.

그렇다면 화를 내면 상대방이 달라질까? 화를 내면 상대방이 자신의 생각이나 말을 잘 따를까? 혹은 화를 내면 상황이 좋아질까? 이곳저곳을 들여다볼 필요도 없이 독자들은 이미 답을 알고 있다. 화를 내더라도 달라지는 것이 하나도 없다는 것을. 그리고 따르는 것이 아니라 따르는 척한다는 것을.

이렇게 잘 알고 있으면서도 화를 내는 이유는 무엇일까? 그것은 자신이 상대방의 변화를 원하거나 상대방에게 자신의 의도나 감정을 전할 때 낮은 수준에 있는 방법을 선택하기 때문이다.

낮은 수준이란 누구나 할 수 있는 수준이다. 그래서 쉽고 편하다. 상대방이 처한 여러 가지 상황이나 측면은 물론, 드러나지 않은 것까지 생각해서 말하거나 행동하는 것이 아니라 그 당시에 생각나는 대로 말하고 행동하니 얼마나 쉽고 편한가? 그러나 쉽고 편한 만큼 효과도 없다.

상대방과의 관계에서 상대방의 변화를 기대한다면 낮은 수준의 방법이 아니라 높은 수준의 방법을 선택해야 한다. 높은 수준이란 아무나 할 수 없는 수준이다. 아무나 할 수 없다는 것은 어렵기 때문이 아니다. 익숙하지 않기 때문이고 노력해야 하기 때문이다. 높은 수준의 방법에 대해서는 수많은 책과 교육을 통해 제시되고 있으며 독자들도 이미 잘 알고 있다.

그럼에도 불구하고 몇 가지를 다시 강조한다면 먼저 상대방이 가지고 있는 지식이나 경험, 상대방이 그동안 속해 왔던 문화 등이 자신의 경우와는 다르다는 점에 대해 계속 인식하고 인정해야 한다는 것이다. 이는 개인별 패러다임의 차이가 있다는 것을 이해해야 한다는 것이기도 하다.

다음으로는 자기중심적 관점과 사고, 접근 방식에서 벗어나야 한다는 것이다. 자기중심적인 울타리에서 벗어나지 못하는 경우 중 하나는 자신의 과거 성공 경험을 고집하기 때문이다. 그러나 과거의 성공 경험이 현재나 미래에도 여전히 유효할 것이라는 생각은 상대방과의 관계뿐만 아니라 스스로에게도 매우 위험천만한 생각이다.

최근 자신이 가족, 친구, 직장동료, 후배 그리고 경우에 따라서는 윗사람을 대했던 상황을 떠올려 보자. 당신의 수준은 어떠했는가? 당신은 어떤 수준에 있는 방법을 선택했는가? 상대방을 대할 때 높은 수준의 방법을 선택하면 당신의 수준도 높아진다.

question 056

나는 누구를 어떻게 닮아가고 있는가?

우리는 '롤 모델(role model)'이라는 표현을 통해 특정인을 닮아가고자 한다. 하지만 정작 현실에서는 롤 모델보다는 이에 반하는 사람들과 마주치게 되는 경우가 더 많다.

'절대 저 사람처럼 되지는 않을 거야.', '내가 저 자리에 가면 저렇게 하지는 않겠어.', '도대체 이해가 안 되네.'

그동안 마음속으로 수백 번 되뇌어 말해보았지만 막상 시간이 흐르고 그 위치에 가보니 나도 모르게 내가 그렇게 닮고 싶지 않았던 그 사람의 말과 행동을 하고 있는 경우가 있다.

안타까운 것은 이러한 상황에 직면해서야 자신이 왜 이렇게 되었는지에 대해 되돌아보게 된다는 것이다. 그동안 스스로 했던 다짐들은 모두 어디로 사라졌는지 기억조차 나지 않고 지금의 상황에서 벗어나거나 변화해 보려고 노력도 해보지만 쉽지 않다.

우리는 왜 닮고 싶지 않은 사람을 닮아가는 것일까? 언뜻 생각하면 이해가 잘 되지 않는다. 하지만 곰곰이 생각해 보면 오히려 닮지 않는 것이 이상하다.

　우리가 그 사람을 닮게 되는 이유 중 하나를 들자면 그동안 그 사람을 닮기 위한 행위는 했으나 닮지 않으려는 노력은 하지 않았기 때문이다. 그 사람을 닮기 위한 행위는 그 사람과 함께 일하는 과정 속에서 찾을 수 있다.

　우리는 소위 코드를 맞추기 위해 혹은 갈등이나 마찰을 최소화하기 위해 부지불식간에 혹은 의도적으로 그 사람이 즐겨 쓰는 용어와 선호하는 행동을 모방한다. 이렇게 따라 하다 보면 어느덧 습관이 되고 생각이나 행동도 점점 엇비슷해진다. 가랑비에 옷 젖는 형국이다.

　물론 이와 같은 행위들이 잘못되었다는 것은 아니다. 오히려 여러 가지 측면에서 권장할 만하다. 순기능도 분명히 있다. 다만 닮고 싶지 않은 것을 닮아가는 자신에게서 문제점을 발견하고 이를 해결해 보고자 한다면 방법이 없는 것은 아니다.

　우선 그동안 자신이 닮고 싶지 않았던 모습을 충분히 희석시킬 수 있을 정도의 책을 읽어 볼 필요가 있다. 책을 통해 정제되고 순화된 용어나 다양한 관점을 접해보게 되면 그동안 한쪽으로 편중되었던 자신을 성찰하게 되는 것은 물론, 스스로 균형을 잡고 언행을 가다듬을 수 있다.

　이것만으로 해결이 되지 않는다면 일시적이나마 지금까지 접해보지 않았던 새로운 경험의 장에 뛰어들어 보자. 그동안 익숙했던 환경과 사람들에게서 벗어나 다른 사람들의 이야기를 들어보거나 외부에서 자신을 객관적으로 조망해 보는 것만으로도 효과를 얻을 수 있다.

  잘 알고 있겠지만 우리는 살아가면서 원하든 원하지 않던 누군가를 직·간접적으로 닮게 되어 있다. 그리고 많은 경우 자신이 닮고 싶은 사람의 언행을 본보기로 삼고 살아간다. 그렇지만 간혹 자신이 닮고 싶지 않은 사람 혹은 닮고 싶지 않은 언행과 마주하게 될 때도 있다. 이때 어쩔 수 없다는 자조나 타협보다는 적극적으로 극복해 볼 수 있는 방법을 선택해 보면 어떨까? 아울러 자신이 닮고자 하는 모습에 더 많은 시간과 노력을 투자해 보면 어떨까?

question 057

나에게는 어떤 쉬볼레트가 있는가?

히브리어로 '쉬볼레트(schibbolet)'는 곡식의 이삭이라는 뜻을 지닌 평범한 단어에 불과하다. 하지만 만약에 당신이 기원전 에브라임인으로 태어났다면 이 단어는 상당히 위험한 단어가 된다. 더욱이 특정 장소에서 이 단어를 잘못 발음해 '시볼레트(sibbolet)'라고 말했다면 타인에 의해 그 즉시 살해당할 수도 있다.

이는 성서의 사사기에 수록된 길르앗인과 에브라임인의 이야기다. 내용인즉 길르앗인들이 에브라임으로 가는 길목인 요르단강을 봉쇄하고 강을 건너려는 에브라임인들을 색출해 살해했다는 것이다. 그런데 이때 이들이 에브라임인을 구별한 방법이 바로 '쉬볼레트'를 발음하게 한 것이다. 에브라임인들의 발음은 길르앗인들과 달라서 이 단어를 '시볼레트'라고 발음했는데 길르앗인들은 상대방이 이 단어를 어떻게 발음하는지를 들어본 후 자신들의 발음과 다르면 에브라임인으로 인식하고 살해했던 것이다.

그 당시 사용되었던 '쉬볼레트'는 상대방과 자신의 동질성을 확인하는 동시에 이질성을 확인해서 차별 대우를 할 수 있는 암호와 같은 단어였던 것이다.

물론 시대의 흐름과 사회문화적 환경이 변화됨에 따라 오늘날에는 더 이상 '쉬볼레트'를 발음하는 것과 같은 방법으로 사람을 차별하는 사례를 찾아보기는 어렵다.

그러나 우리는 여전히 자신이 추구하는 가치나 생각, 방식 또는 성격 등이 다르다는 이유만으로 사람들을 차별하거나 차별하고자 하는 마음을 가지고 있다. 이런 측면에서 보면 '쉬볼레트'는 아직 우리 안에서 사라지지 않은 것 같다.

오늘날 존재하는 '쉬볼레트'는 '자만'이라는 옷으로 우리 마음속 옷장 안에 걸려 있다. 우리는 의도적이든 비의도적이든 자만이라는 옷을 선택하는 경우가 종종 있다. 그리고 이 옷을 걸쳐 입는 순간, 우리는 부지불식간에 사람들을 차별하게 된다.

차별은 주로 상대방과 비교해서 자신이 그들보다 우월하다고 느낄 때 발생한다. 우월감은 대개 개인적인 요소에 기인한다. 학벌, 성적, 직급, 직책, 경력 등 소위 스펙이라고 일컬어지는 내용들이 포함된다. 자신이 단편적으로 경험한 몇몇 사례에 대한 주관적인 해석 역시 우월감을 갖게 만드는 내용 중 하나다. 미국의 사회학자인 그래함 섬너(Graham Sumner)는 조직 내 관계적인 측면에서 차별을 바라봤다. 그는 조직 내에서 우리라는 관계를 형성하고 있는 구성원들을 일컫는 내집단(in-group)과 그 관계 밖에 있는 구성원들을 일컫는 외집단(out-group)으로 구분했다.

문제는 차별이 가지고 오는 폐해에 있다. 차별의 종류나 크기에 관계없이 개인, 조직, 사회, 국가를 막론하고 이를 인식하는 순간 서로 간의 갈등과 상처는 불가피하기 때문이다.

서두에 언급했던 쉬볼레트 사례에 혀를 찼다면 이제 거울 앞에 서 보자. 그리고 혹시 지금 내가 오늘날의 '쉬볼레트'라고 할 수 있는 '자만'이라는 옷을 걸치고 나와 다른 누군가를 차별하고 있는 것은 않은지 확인해 보자. 이와 함께 마음속에 있는 옷장도 열어보자. 크건 작건 자만이라고 보이는 옷들이 걸려 있다면 더 이상 미련을 두지 말고 남김없이 정리하자. 나만큼 상대방도 우월하다는 생각을 갖는다면 보다 쉽게 정리할 수 있다.

question 058

나는 어떤 거짓말을 하고 있는가?

"이 아기의 엄마는 제가 아니라 저 여인입니다."

서로가 자신의 아기라고 우기는 두 여인에게 아기를 반으로 나누어 가지라고 판결한 솔로몬 왕에게 한 여인이 했던 말이다. 거짓말이다. 자신의 아기가 죽을 수 있는 상황에서 아기를 살리기 위해 친모는 거짓말을 했던 것이다.

"저는 이 은잔도 가지고 가라고 했습니다."

이는 성당에 있는 은촛대를 훔친 혐의로 장 발장을 붙잡아 온 경찰에게 미리엘 신부가 했던 말이다. 이어서 그는 장 발장에게 "내가 이 은잔도 가지고 가라고 하지 않았느냐."라고도 말했다. 물론 미리엘 신부가 했던 말은 모두 거짓말이다.

솔로몬 왕 앞에 선 여인과 경찰을 마주한 미리엘 신부가 했던 말은 갓난아기를 살리고 장 발장의 삶을 바꾸게 된 거짓말이다. 그러나 이들이 했던 거짓말에는 '이타적'이라는 수식어가 필요하다.

이타적 거짓말은 자신의 잘못을 감추거나 실수에 대한 변명 또는 책임을 회피하거나 타인에게 전가하는 등 스스로를 이롭게 하려는 마음이 아니라 상대방의 입장에서 그들을 배려하고자 하는 마음에서 나온다. 즉 자신이 아닌 상대방을 이롭게 만들기 위한 거짓말인 것이다.

이타적 거짓말을 옛이야기나 문학작품 속에만 찾아볼 수 있는 것은 아니다. 우리에게 잘 알려진 가요의 가사 중에 '어머님은 짜장면이 싫다고 하셨어.'라는 소절이 있다. 굳이 말하지 않아도 어머님이 처한 상황상 거짓말을 했다는 것은 충분히 짐작할 수 있다. 이 역시 이타적 거짓말에 속한다고 해도 과언은 아닌 듯싶다.

그러나 막상 주변에서 이타적 거짓말을 하거나 듣기는 쉽지 않다. 일반적으로 거짓말은 타인이 아닌 자신을 방어하기 위한 수단으로 사용되기 때문이다. 2016년 세계 커뮤니케이션 학회에서 발표된 연구 자료는 이런 주장을 뒷받침해 주는데 조사 대상자의 약 80% 정도는 자신의 내적 혹은 외적인 이익을 추구하거나 자신을 보호하는 등 주로 자기 자신을 위한 이기적인 거짓말을 하는 것으로 밝혀졌다.

의견의 차이는 있겠으나 이기적인 거짓말은 일종의 본능일 수도 있다. 그래서 눈 하나 깜빡거리지 않고 당당하게 시작되기도 한다. 만일 거짓말이라면 응분의 책임을 지겠다는 다짐 역시 빠지지 않는다. 하지만 잘 알고 있는 바와 같이 시간의 차이가 있을 뿐 대부분의 거짓말은 다 밝혀지게 된다. 거짓말의 당사자는 책임을 피할 수 없다는 것 역시 분명히 짚고 넘어가야 한다.

그런데 이타적 거짓말은 조금 다르다. 이타적 거짓말은 즉흥적으로 나오지 않는다. 오랜 기간의 성찰을 통해 숙성된 올바른 가치관, 인간관, 세계관 등을 가지고 있어야 가능하다. 물론 이타적 거짓말 역시 밝혀지는 것은 시간의 문제이고 책임을 져야 하는 것에서도 자유로울 수는 없다. 그러나 이타적 거짓말로 인한 여파와 변화는 이기적 거짓말과는 사뭇 다르다.

정도의 차이는 있겠지만 사람은 하루에 평균 다섯 번 내외의 거짓말을 한다는 연구 결과가 있다. 최근에 당신은 어떤 거짓말을 했는지 떠올려보자. 역시나 이기적인 거짓말이었다면 다시는 입에 담지 말자. 그리고 혹여나 거짓말을 해 볼 요량이라면 자신이 아닌 타인을 위한 이타적인 거짓말이 나올 수 있도록 준비하자. 준비하는 시간이 만만치 않겠지만.

question 059

나의 시선은 균형적인가?

사람을 보는 시선은 크게 두 가지가 있다. 양적(quantitative)인 시선과 질적(qualitative)인 시선이다.

양적인 시선으로 사람을 보게 되면 그 사람과 관련된 숫자, 즉 기간, 단위, 등급, 성적 등이 먼저 보인다. 이런 숫자들은 그 사람이 언제 어디에서 무엇을 얼마나 했는지를 객관적으로 알려준다.

이런 것들이 하나둘 모이면 소위 스펙(spec)이라는 것이 만들어진다. 이렇게 만들어진 한 개인의 스펙을 보면 그 사람이 어떤 일을 할 수 있을지에 대해 일정 부분 판단이 가능해진다. 그러나 그 사람이 그 일을 어떻게 할 것인지에 대해서는 그저 막연한 기대를 할 뿐이다.

한편 질적인 시선으로 사람을 보게 되면 양적인 시선에서 보였던 것들은 잘 보이지 않는다. 오히려 양적인 시선에서는 볼 수 없었던 그 사람이 추구하는 가치나 생각, 노력의 과정, 행동의 의미 등이 보이게 된다.

이와 같은 자료들이 모이면 이른바 스토리(story)라는 것이 만들어진다. 개인의 스토리를 보면 그 사람이 주어진 일을 어떻게 할 것인지에 대해 개략적인 추정도 해 볼 수 있다.

당연한 말이지만 한 가지 시선만으로 사람을 보는 것은 부족함이 있고 제대로 못 볼 수도 있다. 이른바 편견과 선입견에 빠질 수 있다. 그래서 사람을 볼 때는 양적인 시선과 질적인 시선 모두를 사용해야 한다.

그런데 우리는 사람을 볼 때 주로 한 가지 시선을 사용하는 경우가 종종 있다. 특히, 양적인 시선을 선호하는 편이 많은 것 같다. 아마도 그 이유 중 하나는 양적인 시선이 사람을 보고 판단하는 시간을 절약해 주며 상대적인 비교도 가능해서 객관적이라고 생각되기 때문일 것이다.

그러나 다소 시간이 걸리고 경우에 따라서는 객관성을 확보하기 어려울 수도 있지만 질적인 시선으로도 사람을 볼 필요가 있다. 물론 질적인 시선으로 사람을 보는 것은 쉽지 않다. 무엇보다도 겉으로는 잘 드러나지 않는 상대방의 내면을 보려는 노력이 있어야 하기 때문이다.

질적인 시선으로 사람을 보기 위해서는 상대방에 대한 관심이 있어야 한다. 관심은 저절로 생기는 것이 아니다. 우선 상대방을 제대로 보고자 하는 진정성이 필요하다. 이를 바탕으로 상대방이 하는 말이나 글 그리고 행동을 해석해 봐야 한다. 더 나아가 '내가 저 상황에 처했다면' 혹은 '내가 저 사람이라면' 등과 같은 질문을 통해 상대방에게 집중하고 공감했을 때 비로소 그 사람을 질적인 시선으로 볼 수 있다.

  자신을 제대로 봐주기를 바라는 사람들만큼 상대방을 제대로 보고 싶은 사람들도 많다. 그동안 당신은 주로 어떤 시선으로 사람들을 봐 왔는가? 혹 당신은 사람에 따라 또는 상황에 따라 한쪽 시선만을 사용하지는 않았는가? 만일 사람을 보는 데 있어 균형을 잃은 적이 있다고 생각되면 지금부터라도 균형을 맞춰보려는 노력을 해보자. 사실 그렇게 어렵지도 않다. 상대방에 대해 한 번 더 생각해 보기만 해도 될 일이다.

question 060

나는 언제 '좋아요'를 누르는가?

네티켓(netiquette)이라는 용어가 있다. 이는 네트워크(network) 와 에티켓(etiquette)을 합친 말로 일상에서와 마찬가지로 온라인에서도 지켜야 할 예절을 총칭하는 말이다.

네티켓의 수준을 확인해 볼 수 있는 대표적인 공간은 SNS(Social Network Service)라고 할 수 있다. 오늘날에는 남녀노소 할 것 없이 적어도 한 가지 이상의 SNS에 접속해 있는 것이 현실이다.

SNS에서는 대부분의 경우, 발신자가 보내는 메시지나 콘텐츠에 대해 다양한 의견과 방식으로 반응하고 있다. 특정 아이콘이나 이모티콘을 사용하기도 하고 장문의 글로 표현하기도 한다. 경우에 따라서는 줄임말이나 은어 등이 사용되기도 한다.

여기까지는 문제가 없다. 각종 정보나 뉴스를 비롯해서 서로의 일상을 공유하고 확산하는 것과 더불어 이에 대해 자신만의 개성 있는 반응을 보이는 것은 Web 3.0의 시대를 살아가는 우리들에게는 지극히 자연스러운 현상이기도 하다.

다만 이와 같은 활동들을 할 때 간과하지 말아야 할 것이 있다. 그것은 앞서 언급한 네티켓이다. 먼저 '시간(time) 네티켓'을 생각해 볼 필요가 있다. 인터넷이라는 환경 자체는 시간적인 제약에서 자유롭지만 그렇다고 해서 그 환경 속에 있는 사람들까지 포함하는 것은 아니다. 따라서 온라인상에서 이루어지는 활동들은 시급을 다투는 일이 아니라면 늦은 밤이나 이른 아침보다는 일반적인 상식이 통하는 시간의 범위 내에서 하는 것이 바람직하다. 이는 자기중심적인 생각에서 조금만 벗어나면 쉽게 발휘할 수 있다.

다음으로 고려해야 하는 것은 상대방의 메시지나 콘텐츠에 대한 '표현(expression) 네티켓'이다. 온라인의 특성상 상대방의 메시지나 콘텐츠에 대한 반응은 보통 말이나 행동이 아닌 글이나 이미지로 표현된다. 더군다나 이와 같은 표현은 상대방과 직접 마주하지 않거나 심지어는 상대방을 모르는 상황에서도 이루어진다. 상대방을 직접 마주보고 있는 경우와 달리 비언어적인 표현이 배제된 상태에서 오가는 표현들은 자칫 오해나 불쾌감을 불러일으킬 수도 있다. 따라서 이런 점을 감안한다면 표현에 신중을 기할 필요가 있다.

한편 '초대(invitation) 네티켓'도 빠질 수 없다. SNS상에서는 자신이 누군가를 초대하기도 하고 누군가로부터 초대를 받기도 한다. 소위 온라인상에서 1촌을 신청하는 것도 포함된다. 물론 대부분은 서로 잘 알고 있는 경우에 이루어지지만 종종 낯선 이들이 포함되기도 한다. 어느 경우든 버튼을 두어 번 정도만 눌러도 될 정도로 간편하고 쉽다. 그러나 단순히 네트워크상에서의 외현적인 확대를 위한 초대는 서로에게 무의미할 수도 있다. 상대방을 초대하고 싶다면 한두 줄 정도의 친절한 설명이나 인사는 필요하지 않을까?

  영화 '킹스맨'의 유명한 대사 중 하나는 "Manners maketh man."이다. 즉 매너가 사람을 만든다는 것인데 이는 오늘날 온라인과 오프라인의 삶을 수시로 오가며 살고 있는 우리들에게도 그대로 적용된다. 오프라인에서 매너가 넘치는 당신이라면 온라인에서도 매너를 보여주는 것은 너무나 당연하다. 에티켓과 마찬가지로 당신이 발휘한 네티켓은 결국 당신에게 되돌아올 것이기 때문이다.

question 061

나는 갈등을 어떻게 관리하는가?

　주변 사람들과 갈등이 생기기를 바라면서 사는 사람은 거의 없을 것이다. 오히려 갈등이 있다면 한시라도 빨리 해결되기를 바라는 마음이 자연스럽다. 그러나 현실은 그리 만만치 않다. 어떤 일을 함께 계획하거나 실행에 옮기게 되는 경우 사사건건 시비가 붙거나 불협화음이 발생하는 경우가 있다.

　물론 이러한 갈등은 갑자기 일어나지는 않는다. 일반적으로 사람 사이의 갈등은 주로 나는 옳고 당신은 틀리다 등과 같은 흑백논리의 전개, 정보의 왜곡, 자기주장에 대한 집착 그리고 자신에게 유용한 정보만 선택하는 것 등에서 기인한다고 알려져 있다.

　이렇게 시작된 갈등은 해결될 기미가 보이지 않을 정도로 증폭되는 것 같지만 대개의 경우 시간의 흐름과 함께 축소되거나 해소되는 모양새를 보인다. 그러나 이러한 과정에서 간과하면 안 될 것이 있다. 그것은 바로 앙금이라는 것이다. 시간이 지나면 잊히거나 해결된 듯 보일지라도 갈등의 당사자 간에는 앙금이라는 것이 남는다.

이 앙금이라는 것은 내면에 위치해 있어 지금 당장 보이지는 않지만 언제든지 표면 위로 떠오를 수 있다. 앙금을 표면 위로 떠오르게 만드는 것은 다름 아닌 갈등의 당사자들인 경우가 많다. 당시에 발생했던 갈등의 원인을 면밀히 확인하지 않거나 이를 고치려는 마음과 행동이 수반되지 않기 때문이다. 그리고 서로 간에 미봉책으로 남겨 놓았던 앙금이 터지게 되면 갈등의 강도는 예전에 비할 수 없을 정도로 악화되기도 한다.

갈등 상황을 해결하고 서로 간에 앙금을 최소화하기 위한 방법 중 하나는 갈등과 관련된 자신의 생각을 이야기하는 것이다. 자신의 생각을 이야기하지 않는다면 일시적으로는 갈등이 해소되거나 증폭되지 않는 것처럼 보이겠지만 근본적인 해결은 되지 않는다. 혹 '내가 참고 말지'와 같은 생각을 한다면 이는 자신의 마음 한구석에 앙금을 쌓아 놓는 것과 다르지 않다.

한편 자신의 생각을 이야기하는 것과 병행해야 하는 것이 있다. 그것은 상대방의 생각을 듣는 것이다. 상대의 생각을 듣지 않거나 무시한다면 근본적인 원인을 찾는 것은 묘연해지고 오히려 불필요한 앙금만이 쌓여갈 뿐이다.

아울러 이와 같은 과정의 종착지는 서로가 만족할 수 있는 대안을 창출하는 것이다. 당연한 이야기지만 서로의 생각만 주고받는 것으로는 갈등도 앙금도 사라지지 않기 때문이다.

잘 알고 있는 바와 같이 사람 사이의 갈등은 일이나 관계적인 측면에서 종종 커다란 장애물로 다가온다. 그러나 갈등에 관한 연구들은 갈등이 지니고 있는 순기능도 밝혀냈다. 어떤 관점으로 바라보느냐 혹은 어떻게 해결하느냐에 따라 개인 혹은 조직의 발전과 성장을 위해 반드시 겪어야 할 일종의 성장통이 되기도 한다는 것이다.

마찰이 있는 곳에 광(光)이 난다는 말이 있다. 사람과 사람 사이의 마찰도 크게 다르지 않다. 물론 직접적인 마찰만 있다면 서로에게 쓰라린 고통과 상처만 남기겠지만 그 사이에 윤활유와 같은 소통이 가미된다면 오히려 마찰은 권장되어야 할지도 모른다. 갈등 역시 일종의 마찰이라고 본다면 당신에게 필요한 것도 보일 것이다.

question 062

나는 무엇을 양보하는가?

 한 번쯤 들어 봤을 만한 광고 문구 중에 '먹지 마세요. 피부에 양보하세요.'라는 것이 있다. 수년 전에 등장했던 이 카피에서 강조하고자 했던 것은 아마도 '양보'가 아니었을까?

 '양보(讓步)'란 타인에게 길이나 자리 등을 내어준다는 의미로 상대적으로 약한 입장에 처해 있는 타인을 배려하는 것은 물론, 타인을 위해 자신을 희생한다는 의미도 내포하고 있다. 이는 더불어 살아가는 데 있어 없어서는 안 될 행위이기도 하다.

 그러나 누군가에게 무엇인가를 양보한다는 것은 생각만큼 쉽지 않다. 버스나 지하철을 이용하는 경우 노약자나 임산부 등을 위한 양보 표시가 되어 있는 좌석을 곳곳에서 볼 수 있지만 이용객이 많은 시간에는 종종 무용지물이 되기도 한다. 또한 혼잡한 거리나 장소에서 서로가 마주치는 경우에는 그 자리에 선 상태로 길을 비켜주지 않기도 한다. 도로 위 운전석에서는 두말할 나위도 없다.

 양보하기 어려운 것은 비단 모르는 이들에게만 국한되는 것은 아니다. 자신의 주장을 굽히지 않거나 상대방의 의견 또는 요청에 귀를 기울이지 않는 상황에 처해 본 적이 있다면 오랫동안 알고 지내온 사람이나 함께 일하는 사람 간에도 양보가 어렵기는 마찬가지라는 것을 쉽게 알 수 있다.

양보하는 것이 어려운 이유는 양보가 자신 이외에 다른 사람에 대한 관심이 있고 그들의 처지나 상황을 미루어 짐작할 수 있을 때나 가능한 일이기 때문이다. 즉 관심이 없다면 양보도 없는 것이다.

그래서 양보하기 위해서는 타인에 대한 관심이 선행되어야 한다. 타인에 대해 관심을 갖게 되면 상대방의 불편함이 보이게 되는데 이것을 해결해 나가는 행동 중 하나가 양보로 나타나게 되는 것이다.

이타적인 마음 역시 양보를 하는 데 있어 빠질 수 없다. 이타적인 마음은 상대방에게 더 주고 자신은 덜 받거나 아예 받지 않겠다는 마음이라고도 생각해 볼 수 있다. 이런 마음을 갖고 있는 대표적인 사람을 꼽으라고 한다면 부모님을 어렵지 않게 떠올릴 수 있다.

아울러 자신이 속한 사회나 조직에 대한 이상적인 모습을 그릴 수 있다면 무엇을 어떻게 양보해야 하는지에 대해 보다 명확하게 알 수 있다. 이는 양보하는 것에 대한 일종의 거시적인 관점이 필요하다는 것으로 만일 이런 관점이 없다면 양보는커녕 개인의 이기적인 생각, 판단, 행동에서 벗어나기 어렵기 때문이다.

양보는 손해가 아니다. 양보하는 것을 손해를 보는 것이라고 생각한다면 눈앞에 보이는 작은 편의나 이익에만 연연하게 된다. 이렇게 되면 결과적으로 소탐대실(小貪大失)의 우를 범하게 될 가능성도 높아진다.

오히려 양보를 하게 되면 얻는 것이 더 많다. 양보를 통해 무엇을 얻었는지는 그동안 자신이 누군가에게 무엇인가 양보했던 기억을 되돌아보면 그다지 어렵지 않게 확인할 수 있다. 만일 이와 같은 기억이 떠오르지 않는다면 자신에게 무엇인가를 양보했던 사람을 떠올려보자. 그 사람이 잃었던 것이 있던가? 혹 양보해서 잃은 것이 있다손 치더라도 얻은 것에 비할 정도는 아닐 것이다.

question 063

나는 주변의 X-men을
어떻게 대하고 있는가?

'X-men'이라는 영화를 보면 우리와 생김새가 다르거나 능력이 남다른 이들이 등장한다. 이른바 돌연변이들이다. 영화 속에서 이들을 마주하는 사람들은 놀라는 것을 넘어 두려움을 느끼기도 한다. 경우에 따라서는 이들을 적대시하는 것은 물론, 자기들과 함께 살고자 한다면 스스로 정체성을 버릴 것을 요구하기도 한다.

그런데 이런 장면들을 영화 속에서만 볼 수 있는 것은 아니다. 주변을 돌아보면 자신과 다른 관점을 가지고 있는 사람들을 의도적으로 멀리하거나 받아들이지 않는 상황을 종종 목격하게 된다. 또한 자신과 상대방 사이에 존재하는 지식이나 경험 혹은 능력의 차이 등을 인정하지 않거나 아예 인지하지 못하는 이들도 있다. 심각한 경우에는 자신이 이미 만들어 놓은 가상의 틀에서 벗어나는 사람을 배척하는 지경에 이르기까지 한다. 대부분은 자신과 다른 X-men에 대해 불편함을 느끼기 때문에 나타나는 일이다.

당신은 어떤가? 당신과 다른 관점, 다른 생각, 다른 행동을 하는

X-men에 대해 불편함을 느끼는가? 혹시나 당신이 이들에 대해 불편함을 느끼고 앞서 기술한 것과 같은 모습을 보인다면 얼마 지나지 않아 당신 주변에서 당신과 함께 있던 X-men은 모두 떠나게 될 것이다. 그리고 자연스럽게 당신과 비슷한 관점을 갖고 있거나 유사한 행동을 하는 사람들만 남게 될 것이다.

바라던 바대로 되었다고 생각하는가? 안타깝게도 그렇지 않다. 만일 이렇게 되었다면 더 이상의 성장이나 발전을 기대하기는커녕 현상 유지도 쉽지 않을 수 있다. 당신 스스로 다양성이 결여된 상태를 만들었기 때문이다.

다양성이 결여되면 문제해결력도 저하되고 새로운 것을 시도하기도 어려워진다. 소위 '끼리끼리' 모여 자신들만의 익숙한 방법에서 벗어나지 못하고 그 안에서 만족하기 때문이다. 이는 역사적 사례는 물론이고 그동안 국내외 기업이나 학계에서 수행한 연구 결과 등을 살펴보면 확인이 가능하다. 심지어 생물학적으로도 유전적 다양성이 결여된 종(種)은 지속적으로 생존하거나 번성할 가능성이 상대적으로 적다.

이러한 우(愚)를 범하지 않기 위해서는 당신 주변에 있는 X-men과 조화를 이루어야 한다. 이를 위해서는 다양성에 대한 개방적인 자세를 갖는 것이 선행되어야 한다. 당신이 익숙하지 않은 분야의 사람, 장소 그리고 책을 찾는 것이 하나의 방법이 될 수 있다. 개방성을 키우기 위해 의도적으로 이질적인 것에 스스로를 노출시켜 보는 것이다. 노출의 빈도가 많아질수록 개방성도 함께 커지게 될 것이다.

다음으로는 패러다임(paradigm)의 차이를 인정하는 것이다. 그 방법 중 하나는 서로의 패러다임을 진위형으로 판단하지 않고 그대로 받아들이는 것이다. 한 개인의 패러다임은 갑자기 생겨난 것이 아니다. 오랜 시간 누적된 경험이나 교육은 물론, 개인의 고유한 성격이나 대인관계에서 비롯되었기 때문이다. 차이가 나고 다른 것이 정상적이다. 차이를 인정할수록 시너지는 더 커진다.

누구나 선호하는 특정한 색(色)이 있고 음(音)이 있지만 그것만으로 그림이 되고 음악이 될 리 만무하다. 사람이나 조직 그리고 사회도 마찬가지다. 이제 당신 주변에 있는 X-men을 다시 한번 생각해보자. 당신은 X-men을 어떻게 대할 것인가?

question 064

나는 어떤 코드를 맞추며 살아가고 있는가?

'드레스 코드 : Red', 연말 모임 안내장에서 눈에 띄는 항목이다. 이 말인즉 모임에 참석하는 사람은 빨간색이 포함된 옷이나 장신구 등을 착용하고 오라는 것이다. 아니나 다를까 모임 장소에 들어가 보니 많은 사람들 중에서 같은 모임에 참석하는 분들을 한눈에 봐도 알 수 있었다. 붉은색 계열의 넥타이를 착용하고 참석한 필자를 봤던 그분들도 마찬가지였을 것이다.

드레스 코드란 일반적으로 특정한 장소 및 상황에 맞는 복장을 착용하거나 어떤 모임이나 행사에서 요구하는 옷차림을 연출하는 것을 의미한다. 그래서 드레스 코드가 명시되어 있는 경우라면 해당 드레스 코드를 준수하는 것은 최소한의 매너이자 성의라고도 볼 수 있다. 그리고 이처럼 서로가 사전에 약속된 드레스 코드를 맞추면 모임에서 즐거운 분위기가 조성되기도 하고 모임의 성격을 짐작할 수 있기도 하다. 아울러 모인 사람들 간에 동질감이 형성되기도 한다.

그런데 드레스 코드를 맞추면 모인 사람들 간에 생각이나 추구하는 방향 그리고 목표도 맞춰질까?

쉽지는 않을 것이다. 그 이유 중 하나는 드레스 코드가 일종의 이벤트처럼 대부분 일시적인 경우가 많고 그 자체가 외형적으로 보여주는 측면에 많이 치우쳐있기 때문이다. 일례로 각종 조직의 유니폼도 일종의 드레스 코드에 속하지만 같은 유니폼을 입었다고 해서 구성원 개개인 모두가 동일한 지향점이나 가치를 추구한다고 단언하기 어려운 것과 같다.

그렇다면 우리가 맞춰봐야 할 것은 무엇일까? 필자는 드림 코드(dream code)라고 생각한다.

드림 코드란 삶이나 하고 있는 일에서 추구하는 목적과 가고자 하는 방향에 대한 생각은 물론, 이를 행동으로 옮기고자 하는 의지를 의미한다. 일상에서 서로의 드림 코드가 맞는 사람들은 배우자, 동반자, 파트너, 동지(同志) 등으로 불리기도 한다.

드림 코드는 일시적이 아니라 지속적이며 외형보다는 내면에 초점을 두고 있다. 그래서 드림 코드가 맞는 사람들 간에는 자발적 참여, 헌신, 몰입 등이 자연스럽게 일어나기도 하며 이러한 모습들은 서로에게 그리고 주변에 좋은 에너지를 발산하기도 한다.

또한 드림 코드가 맞으면 강력한 팀워크가 형성될 수 있고 불평이나 불만이 있더라도 서로 웃어넘길 수 있을 만한 정도나 강도에 머무르기 때문에 장애물이나 위기 극복도 비교적 쉽다. 성취감 역시 결과에서도 느끼지만 과정 속에서 훨씬 더 많이 느낄 수 있다는 것은 눈여겨볼 일이다.

"한 사람의 꿈은 꿈으로 끝날 수 있지만 만인(滿人)의 꿈은 현실이 된다."라고 알려진 칭기즈칸의 말은 서로의 드림 코드를 맞춰야 하는 이유를 설명해 주기에 손색이 없어 보인다.

당신은 드림 코드는 무엇인가? 그리고 당신과 같은 드림 코드를 가지고 있는 사람들은 어디에 있는가? 아직 찾지 못했다면 올해 연말 모임에서는 당신과 드레스 코드가 맞는 사람보다는 드림 코드가 맞는 사람을 찾아보는 것은 어떨까?

question 065

나의 주소록에는 어떤 사람들이 있는가?

해마다 연말연시가 되면 지인들을 대상으로 전화나 메시지, 경우에 따라서는 연하장 등을 통해 서로의 안부를 묻거나 그동안 베풀었던 은혜에 대한 감사의 인사를 주고받는 경우가 많다. 그리고 해가 갈수록 감사를 표해야 하는 사람들은 점점 늘어나게 된다. 이런저런 일로 인해 만나는 사람들이 더 많아지고 다양해지기 때문인데 그만큼 인간관계의 폭이 넓어졌다고도 볼 수 있다.

그런데 관계의 폭이 넓어진다고 해서 그 깊이까지 깊어지는 것은 아닌 듯하다. 지속적으로 친밀한 관계를 유지하는 사람은 한정적이라는 것이다.

왜 그럴까? 소위 말하는 인맥 관리에 소홀해서 그런 것인가? 여기에 대한 답은 문화인류학자인 옥스퍼드대학교의 로빈 던바(Robin Dunbar) 교수에게서 구할 수 있다. 그는 진화론에 근거해 인간이 맺을 수 있는 사회적 관계의 최대치가 150명이라고 주장했는데 이를 일컬어 '던바의 수(Dunbar's number)'라고 한다.

곰곰이 생각해 보니 필자의 경우도 크게 다르지 않은 것 같다. 확인해 보니 필자의 주소록에 저장되어 있지만 지속적으로 친밀한 관계를 맺고 있으면서 서로의 소식을 주고받는 이들은 '던바의 수' 범위 내에 있는 것이다. SNS 등을 포함해 인간관계의 폭이 양적으로 확장된 것은 맞지만 그렇다고 해서 인간관계의 질적인 측면까지 동시에 만족스러워진 것은 아니다.

인간관계의 질은 저절로 좋아지지 않는다. 그야말로 상대방에 대해 개별적인 관심을 갖는 것은 물론, 그것을 표현하고자 하는 노력이 있어야 가능하다.

자기중심적인 사고에서 벗어나는 것은 인간관계의 질을 향상시키는 지름길 중 하나다. 자기중심적인 사고가 줄어들면 상대방이 처한 상황이 보인다. 상대방의 상황이 보일 때 당신이 하는 말이나 행동은 그렇지 않을 때와는 사뭇 다르다.

자기 편의적인 행동을 하지 않는 것 역시 빼놓을 수 없다. 자기 편의적인 행동은 이른바 효율성으로 포장되어 나타나는 경우가 많다. 일례로 복사해서 붙이기(Ctrl+c, Ctrl+v)한 감사의 메시지를 들 수 있다. 안 하는 것보다야 나을 수 있겠지만 정작 있어야 할 진정성이나 진심을 느끼기는 힘들다.

아울러 상대방과의 관계를 제로섬(zero-sum)이 아닌 포지티브섬(positive-sum)으로 만들 필요가 있다. 혹 서로가 이해관계로 얽혀 있다손 치더라도 마찬가지다.

이제 잠시 시간을 내어 주소록을 펼쳐보자. 한 사람 한 사람을 떠올려보고 올 한 해 그리고 당신의 삶에서 감사함을 표해야 하는 이들을 찾아 그간의 안부와 함께 감사의 메시지를 적어보자. 정제된 내용도 좋지만 그 사람에게만 해당하는 내용이면 더 좋다. 가능한 구체적으로 표현해 보자. 적어도 당신과 그들의 관계는 더욱 공고해질 것이다.

연말연시까지 기다릴 필요도 없다. 생일 등과 같은 기념일을 맞이한 사람들부터 시작하면 된다. 그동안 어색해서 주저했던 것조차 자연스럽게 극복할 수 있는 좋은 방법이기도 하다.

question _____ **066**

나는 어떻게 관계를 만들어 가는가?

　당신은 '인싸'인가? 언제부터인가 사회 곳곳에서 '인싸'라는 신조어가 자연스럽게 사용되기 시작했다. 인사이더(insider)를 줄여서 세게 발음한 것인데 통상 여러 모임에 적극적으로 참여하면서 사람들과 잘 어울려 지내는 사람을 이르는 말이다.

　사회적으로나 개인적으로 '인싸'에 대한 관심이나 필요성이 증대되었는지 온라인이나 오프라인에서는 소위 '인싸가 되는 법' 등과 같은 질문도 많고 이와 관련된 조언이나 방법 등을 다루는 내용도 다양하다.

　이러한 신조어가 확산되고 스스럼없이 사용되는 이유 중 하나는 여러모로 개인화되고 있는 것이 현실이지만 여전히 인적 네트워킹이나 대인관계는 중요하다고 생각하기 때문일 것이다. 그리고 사람마다 일부 차이는 있을지언정 많은 경우 주변 사람들과 잘 어울리고 싶은 마음도 자리 잡고 있기 때문이기도 하다.

　그런데 사람과 사람 사이의 진정한 관계는 인위적으로 구축되기 어렵다. 공식적 혹은 사무적으로 맺어진 관계가 계속 이어지는 경우가 많지 않다는 것을 보면 짐작이 간다. SNS상에서 연결된 친구나 팔로워 등과의 관계도 마찬가지다. 외형적으로는 맺어졌을지 몰라도 그 이상의 관계가 이어지는 경우는 한정적이라는 것이다.

진정한 관계를 구축하기 위해서는 상호 간 양적인 축적과 질적인 축적이 필요하다. 양적인 축적은 얼마나 오랫동안 알고 있었느냐 등과 같이 시간적 측면에서의 축적이라고 할 수 있다. 당연한 말이지만 오랜 시간 동안 알고 지내던 사람이라면 진정한 관계를 맺기에 한층 수월할 수 있다.

그러나 시간의 축적만으로는 한계가 있다. 오래전부터 알고 있었지만 서먹서먹한 경우도 있고 말 그대로 아는 사람일 뿐 그 이상도 이하도 아닌 경우도 많기 때문이다. 그래서 관계를 형성하고 유지하기 위해서는 질적인 축적을 생각해 봐야 한다.

질적인 축적은 시간적인 측면보다는 무엇을 같이 하느냐 혹은 어떤 경험을 공유하고 있느냐 등과 같이 내용적인 측면에서의 축적이라고 할 수 있다. 질적인 축적의 경우 서로가 알고 지낸 시간의 많고 적음은 관계를 형성하는 데 큰 문제가 되지 않는다. 짧은 시간일지라도 서로의 생각과 의견이 오가고 관계를 이어주는 공통분모가 있기 때문이다.

질적인 축적을 가능하게 만들어 주는 공통분모는 다양하다. 작게 보면 개인의 취미나 관심사 등을 떠올려 볼 수도 있다. 개인을 넘어 조금 넓게 보면 비전이나 추구하는 가치 등도 공통분모가 될 수 있다. 그리고 서로에게 이와 같은 공통분모가 많으면 많을수록 질적인 축적이 잘 이루어지게 된다.

　진정한 관계가 구축되고 지속되려면 관계의 주체라고 할 수 있는 개인과 개인 혹은 개인과 조직 간 양적인 축적과 질적인 축적의 조화가 이루어져야 한다. 만일 어느 한쪽에 편중된다면 관계의 폭과 깊이는 기대에 미치지 못하게 된다.

　이제 당신의 일정표를 펼쳐보자. 만났거나 만나야 할 사람들과는 어떤 공통분모가 있고 얼마나 연락하고 지내는가? 진정한 관계는 누군가 만들어 주는 것이 아니라 당신이 만들어가는 것이다.

question 067

나는 무엇을 카피하는가?

'Ctrl+C, Ctrl+V.' 컴퓨터를 이용해서 일을 하다 보면 종종 유용하게 사용되는 단축키다. 이른바 복사해서 붙여 넣는 것이다. 주로 복사하는 대상은 그림, 아이콘 등과 같은 이미지나 비교적 많은 양의 글자다. 특정 내용을 다루고 있는 인터넷 사이트나 링크를 복사해서 저장해 놓는 경우도 있다.

이와 같은 복사와 붙여넣기는 디지털 형태로만 이루어지는 것은 아니다. 책에 기록된 내용이나 유인물에서도 필요한 부분이 있다면 복사기라는 기기를 통해 아날로그 형태로 복사해서 별도의 서류철에 보관하기도 한다. 이렇게 복사되고 저장된 자료들은 대부분 현재 자신의 일이나 관심 분야에서 필요하거나 향후 도움이 될 것이라고 예상되는 내용들이 많다.

그런데 복사하고 저장해야 하는 것은 자신의 일과 관련된 디지털이나 아날로그 자료에 국한되지 않는다. 정작 복사해서 저장해두어야 하는 것은 자신을 둘러싸고 있는 사람들의 장점이다. 이는 분명히 자신의 삶에 필요하고 도움이 된다.

　주변을 둘러보면 잘 웃는 사람도 있고 말 한마디를 하더라도 상대방을 배려해서 하는 사람이 있다. 친절이 몸에 배어 있는 사람도 있고 매사에 솔선수범하는 사람도 있다. 동료들이 필요로 하는 것을 미리 준비해 주는 사람도 있고 기꺼이 어려움에 처한 사람들을 돕는 이들도 있다. 어떤 일을 하든지 간에 최선을 다하는 모습을 보여주는 사람과 특정 분야에서 두각을 나타내는 사람도 있다.

　몇 가지 예를 들었지만 자신을 둘러싼 사람들이 가지고 있는 장점들은 일일이 열거할 수 없을 정도로 많다. 그리고 이런 장점들은 어느 한순간에 저절로 생겼다기보다는 오랜 시간 동안 반복해서 누적되어 습관화되었을 가능성이 크다. 더군다나 어떤 점이 되었든지 간에 한 개인의 장점으로 발현되는 과정 속에서는 예상치 못한 시행착오도 있었을 것이고 나름대로 더 나은 방향으로 개선도 했을 것이다. 따라서 이렇게 만들어진 타인들의 장점들은 하나하나 본받을 만하고 이를 벤치마킹하여 자신에게도 적용해 보는 것은 의미가 있다.

　이렇게 되기 위해서는 먼저 주변 사람들의 장점을 찾아봐야 한다. 다른 사람의 장점은 찾겠다는 의지를 가져야 보인다. 늘 보던 사람일지언정 보는 관점이 달라지면 보이는 것도 달라진다.

　주변 사람들의 장점이 눈에 보이기 시작한다면 남은 것은 그 장점들을 어떻게 카피(copy)할 것인가를 생각하고 직접 해보는 것이다.

모방이 창조의 어머니라는 말도 있듯이 작은 부분이라도 그 사람의 말이나 행동 또는 사고방식을 한 번 따라 해 보는 것이 좋다. 처음에는 그 사람의 장점을 복사해서 나에게 붙여 놓은 것이 어색할지 몰라도 일정 시간이 지나면 나만의 장점으로 나타나게 될 것이다.

논어에는 '삼인행 필유아사(三人行 必有我師)'라는 내용이 있다. 세 사람이 길을 가면 그 가운데 반드시 나의 스승이 있다는 의미다. 그러나 스승이 있다는 것에서 만족하기에는 아쉬움이 많다. 그들의 장점을 내 것으로 만들어봐야 한다. 즉 아는 것에 그치지 말고 실행으로 옮겨봐야 한다는 것이다. 당신은 주변 사람들의 어떤 점을 카피하는가? 또한 다른 사람들이 당신의 어떤 점을 카피했으면 하는가?

리·더·와·팔·로·워·을·위·한·질·문·1·0·1

3부

일에 대한 질문

question   068

나의 일은 누구를 행복하게 해 주는가?

직업이란 일반적으로 자신의 적성과 능력을 고려하여 일정 기간 이상 종사하는 일을 일컫는다. 그래서 직업을 선택하기 위해서는 우선 자신이 무엇을 좋아하고 잘하는지를 찾아가는 과정이 반드시 필요하다.

그런데 정작 현실에서 직업을 찾거나 준비하는 이들에게서 받는 질문은 "어떤 직업이 좋나요?" 혹은 "어떤 직업이 유망한가요?" 등으로 압축된다. 그래서인지는 몰라도 많은 매체에서는 매년 최고의 직업을 찾아 소개하는 경우가 많다.

최근에는 인공지능으로 대체되지 않을 직업 등이 최고의 직업으로 부상하고 있다. 시간을 거슬러 올라가 보면 증권금융인, 반도체 엔지니어, 탤런트, 드라마 PD, 프로그래머, 벤처기업가, 웹 마스터, 공무원, 커플매니저, 사회복지사, 한의사, 호텔 지배인, 보험계리사 등이 당대 최고 또는 유망한 직업이라고 알려진 바 있다. 그리고 2025년 유엔미래보고서에서 밝힌 미래 유망 직업으로는 미세조

류 전문가, 날씨 조절 관리자, 무인자동차 엔지니어, 오피스 프로듀서 등이 꼽히기도 했는데 아직은 생소하기 그지없으며 먼 나라 이야기 같다.

그렇다면 자신에게 있어 최고의 직업은 어떤 일이라고 할 수 있을까? 우선 스스로 행복을 느낄 수 있는 일이어야 한다. 스스로 느끼는 행복에는 돈이나 일하는 환경뿐만 아니라 사회적인 명성이나 개인적인 자부심 등이 있을 수 있다. 직업에 귀천이 없다는 말은 곧 어떤 일을 하더라도 스스로 행복하면 된다는 의미도 될 것이다.

그러나 스스로 행복을 느끼는 일만으로는 최고의 직업을 갖고 있다고 말하기 어렵다. 자신의 직업이 최고라고 말할 수 있기 위해서는 한 가지 빠뜨리지 말아야 할 것이 있다. 그것은 바로 내가 하는 일, 즉 스스로 행복을 느끼는 일이 타인에게도 행복을 주어야 하는 일이어야 한다는 것이다. 돈을 많이 버는 직업 혹은 좋은 근무환경이나 복지를 제공하는 직업이 스스로에게 행복을 가져다주기는 하지만 내가 그 일을 함으로 인해 다른 사람에게도 행복을 가져다주는지는 한 번쯤 생각해 볼 필요가 있다.

요즘과 같이 경기가 불안정할 때 안정적인 직업은 많은 사람들이 선호하고 그 직업을 얻기 위해 노력한다. 그런데 과연 내가 선호하는 그 직업이 다른 이들에게는 어떤 방법이나 형태로 행복을 가져다주는가에 대한 생각은 해 보았는지 스스로에게 질문해야 한다.

물론 모든 직업이 개인과 타인에게 행복을 가져다주는 것은 분명하다. 그러나 이 사실을 스스로 깨닫고 일을 하는 것과 그렇지 않은 상태에서 일을 하는 것은 큰 차이가 있다.

　우리가 사기나 절도 등과 같은 행위를 직업으로 간주하지 않는 것은 바로 그 일이 타인에게 행복을 가져다주는 것이 아니기 때문이다. 또한 정상적인 직업을 갖고 있다고 하더라도 자기만 생각하고 타인을 생각하지 않는다면 그 일에 대한 자부심을 갖거나 현 상태에서 더 발전하기는 어려울지도 모른다.

　이번 주말에는 지금 내가 하고 있는 일이 과연 어떤 부분에서 나 스스로에게 행복을 주고 또 어떤 부분에서 타인에게 행복을 가져다주는지 생각하는 시간을 가져보자. 만일 지금 하고 있는 일에 권태를 느끼거나 직업 선택에 고민을 하고 있다면 좋은 기준점이 될 수도 있다.

나는 무엇을 할 때 설레는가?

최근 당신의 마음이 두근두근했던 순간은 언제였는가? 좋아하는 이성과 마주친 순간이었는가? 수개월 혹은 수년간 준비해 온 시험장에서 시험지를 받아 든 순간이었는가? 아니면 입학이나 취업과 관련된 합격자 발표의 순간이었는가?

일상에서 우리는 종종 두근거림을 느끼게 된다. 두근거림은 설렘의 순간에도 나타나지만 주로 준비가 되어 있지 않거나 자신감이 없는 순간에 나타남으로써 개인적으로 피하고 싶은 순간일 때가 많다. 그러나 많은 경우, 그 순간을 피하지 않고 이에 맞서거나 그 순간을 즐기기 위한 준비를 했기 때문에 당신은 지금 여기에 존재하는 것이다.

이런 측면에서 필자는 '두근두근'이라는 단어를 잠시 놀라거나 불안하여 가슴이 자꾸 뛰게 되는 모양이라는 사전적 정의에서 벗어나 자신에게 기회가 왔다는 신호로 재정의해 보고 싶다.

그리고 더 나아가 그 기회를 맞이하기 위해 당신이 가졌던 마음이 바로 초심(初心)이었다고 말하고 싶다. 즉 초심은 미래를 위한 준비의 과정 속에서 생겨난 마음으로 기회와 마주치기 위한 마음가짐인 것이다.

당신은 어떤 마음으로 당신의 미래를 준비하고 기회를 맞이해 왔는가? 합격하면 이런 학생이 되겠다거나 이런 직원이 되겠다는 마음 그리고 결혼하면 이런 남편이나 아내, 혹은 부모가 되겠다는 마음은 지금도 유효한가? 다시 말해 당신에게는 지금도 그 당시의 두근거림이 있는가?

더 이상 두근거림을 느끼지 않는다면 초심을 잃어가고 있는 것이다. 초심을 잃게 되면 지금 처한 상황이나 하고 있는 일을 즐길 수 없고 의욕도 저하된다. 게다가 자신이 존재하는 이유나 삶의 지향점도 모호해지게 되며 더 나은 기회와 마주칠 일도 점차 사라진다.

우리가 초심으로 돌아가자고 외치는 것은 지금 이 자리에 첫발을 내디딘 순간의 열정과 의욕, 설렘을 되돌아봄으로써 방전된 감성 에너지를 충전하는 것은 물론, 길 잃은 자신의 미션과 비전을 되찾자는 것이기도 하다. 초심은 적어도 자신의 나아갈 바를 알려주는 북극성과 같은 역할을 하기 때문이다.

초심을 잃지 않는 방법 중 하나는 그 당시의 모습을 생각해 보는 것이다. 학생이라면 학업계획서를, 직장인이라면 자기소개서를 그리고 부부라면 결혼식 영상이나 사진 등을 통해 쉽게 떠올려 볼 수 있을 것이다.

   당신은 요즘 무엇을 할 때 두근거림을 느끼는가? 당신에게 두근거림이 있다면 그것은 바로 그 두근거림의 원인과 관련된 기회가 바로 당신 앞에 놓여 있다는 신호이자 또 다른 도전의 원동력이 생겼다는 것을 의미한다. 지금 당신의 마음을 두근두근 뛰게 만드는 것이 있다면 지금까지 그래왔던 것처럼 두근거림을 피하지 말고 즐기자.

   자, 이제 두근거릴 준비가 되었는가?

question 070

나의 일에 대해 어떻게 즐거움을 느끼는가?

혹시 당신은 TV를 볼 때 즐거움을 느끼는가? 만일 당신이 TV를 볼 때 즐거움을 느낀다면 그것은 방송 내용에서도 찾을 수 있겠지만 당신 손에 리모컨이 쥐어져 있기 때문일 가능성이 더 크다.

그 이유는 손에 쥐고 있는 리모컨을 통해 당신 마음대로 채널을 옮겨갈 수 있으며 보고 싶지 않을 경우 끌 수도 있기 때문이다. 그러나 그 리모컨이 당신의 손이 아닌 다른 사람의 손에 쥐어져 있다면 상황은 달라진다.

비단 TV뿐만이 아니다. 공부를 하거나 책을 읽을 때 즐거운 사람이 있는 반면, 운동을 할 때 즐거운 사람이 있고 일을 할 때 즐거운 사람도 있다. 어떤 경우에는 술자리에서 즐거움을 느끼는 사람도 있다. 물론 이 밖에도 개인별로 즐거움을 느끼는 경우는 천차만별이다. 그런데 이와 같이 즐거움을 느끼는 것에는 몇 가지 특징이 있다.

첫 번째 특징은 누군가가 시켜서 하는 일이 아니라는 것이다. 같은 일을 하더라도 누군가의 강요나 압박이 아닌 스스로의 선택에 의해 하게 되면 그 일을 하고자 하는 의지가 생겨나기 때문이다. 일례로 당신이 공부를 하거나 책을 읽을 때 즐겁다면 부모님이나 선생님의 강요보다는 스스로 지적인 욕구를 충족하고자 하는 의지가 더 크기 때문이며 운동에서 즐거움을 느끼는 것도 마찬가지이다. 또한 술자리가 즐겁다고 한다면 그것은 의례적으로 나가는 자리가 아니라 당신 스스로 사람들과의 만남과 소통의 자리를 만들고자 하는 의지가 더 크기 때문이다.

또 다른 특징은 그 일에 대한 주도권을 자신이 갖고 있다는 것이다. 하고 있는 일에 대한 주도권이 나에게 있는 경우에는 즐거움이 배가된다. 이는 어떤 일에 대해 자신에게 주도권이 많을수록 그 일에 대한 자신감이 강화되고 반복적으로 하게 되며 긍정적인 결과를 기대한다는 연구 결과와도 일맥상통한다. 일례로 복권의 당첨 확률은 통계학적인 측면에서 동일하지만 자신이 직접 복권의 번호를 선택하고 기입한 사람이 그렇지 않은 사람에 비해 복권 당첨에 대한 기대감이 크다는 것과 학생이나 직장인의 경우에도 자신에게 주어진 일을 스스로 계획하고 수행할 때 성취도나 만족감이 크다는 것이 이를 말해주고 있다.

결국 내가 하고 있는 일이 즐거워지기 위해서는 그 일에 대한 자발성과 주도권을 가져야 하며 이를 다른 말로 표현하자면 자신의 일에 대한 주인이 되어야 한다는 것이다.

일에 대한 자발성과 주도권을 갖게 되어 그 일의 주인이 된다면 몰입(commitment)이라는 이름의 선물도 함께 받을 수 있다. 몰입은 결과적으로 성과와 직접적으로 연계되는데 어떤 분야나 일에 몰입한 사람들은 평균 이상의 성과를 창출하게 된다.

당신은 현재 당신이 하고 있는 일의 주인인가? 혹은 당신의 일에 대한 주인이 될 준비를 하고 있는가?

만일 지금 하고 있는 일이 즐겁지 않다면, 즉 자신의 일에 대한 주인이 아니라고 생각한다면 하고 있는 일을 주인 된 입장에서 바라보면서 의미를 재부여해 볼 필요가 있다. 이와 함께 부단한 연습을 통해 그 일에 숙달되어야 한다. 의미가 재설정되고 그 일을 하는 데 익숙해진다면 즐거움을 느끼는 것은 시간의 문제이다.

question 071

나는 어떻게 생각하는가?

Think. 생각하라. 토마스 왓슨이 IBM을 이끌면서 자신은 물론, 구성원들에게 시종일관 주창했던 말이다. IBM의 시대는 빌 게이츠가 Think week를 말하기 시작하면서 마이크로소프트의 시대로 전환되었다. Think week는 글자 그대로 생각할 수 있는 시간을 마련해 준 것이다.

그다음은 어떻게 되었나? Think와 Think week를 넘어 스티브 잡스는 다르게 생각하라는 Think different를 표명하면서 애플의 시대로 넘어왔고 이와 함께 우리는 그냥 생각하는 것이 아니라 남과 다른 생각을 해야 생존할 수 있는 시대에 살게 되었다.

토마스 왓슨이 IBM의 수장이 된 해인 1915년으로부터 불과 100년도 채 되지 않아 생각에 대한 중요성이 부각된 것은 물론, 생각의 관점과 생각하는 방법이 변화했다. 더군다나 생각의 속도까지 빨라짐으로 인해 우리는 이전 세대에서는 상상하거나 경험해 볼 수 없었던 많은 것들을 누리고 있다.

그렇다면 우리는 이제 Think different의 시대에 계속 남게 되는 것일까? 아마도 아닐 것이다. 이미 우리는 남과 다르게 생각하는 것을 넘어 함께 생각하고 그 생각을 공유하는 시대, 즉 Think together의 시대에서 살고 있다.

Think together로의 전환은 2000년대 중후반에 들어오면서 참여, 공유, 개방이라는 웹 2.0의 키워드를 통해 시작되었다고 볼 수 있으며 최근 들어 사용 빈도가 높아진 통섭, 협업 등의 용어에서도 그 의미나 중요성을 찾아볼 수도 있다.

함께 생각하고 그 생각을 공유하게 되면 그 과정 속에서 개인 및 조직 차원의 학습이 발생하게 되며 창의적인 아이디어 도출은 물론, 실행 가능성이 높은 계획이 수립된다. 서로에 대한 인정을 바탕으로 공감대가 형성되었으니 어찌 보면 당연한 결과이다.

그러나 현실에서 무엇인가에 대해 함께 생각하고 공유하는 과정은 그리 쉽지 않다. 자기중심적인 생각에 익숙하고 다른 사람의 생각을 수용하는 것에 익숙하지 않기 때문이다. 이와 더불어 함께 생각하거나 공유할 만한 시간적 여유가 없다는 핑계, 상대방의 생각이 그리 도움이 되지 않을 것이라는 착각 그리고 상대방의 생각을 수용하는 것은 지는 것이라고 오인하는 것도 장애물로 작용한다.

이와 같은 핑계와 착각 그리고 오인은 결과적으로 우리에게 득(得)보다는 실(失)을 가져오게 되는 경우가 많다. 이는 시간을 들여서라도 상대방의 생각을 수용하면서 함께 생각하고 공유했다면 더 좋았을 것 같았던 일이나 나만의 생각에 집착하고 이를 주입시키려는 과정 속에서 나타났던 부작용 등을 떠올려보면 된다.

따라서 우리는 함께 생각하고 그 생각을 공유하는 것에 대해 관심을 갖고 작은 것부터 실천해 나갈 필요가 있다. 이를 위해서는 몇 가지 선행되어야 할 것이 있는데 그중 한 가지는 바로 상대방의 생각이 나와 같지 않다는 것을 자연스럽게 인정하는 것이다. 다음으로는 상대방의 생각을 존중하는 것이며 이를 수용하는 것이다.

Think together, 말처럼 쉽게 되지는 않겠지만 한번 시도해 보자. 특히, 당신이 리더이거나 리더가 되는 과정에 있다면 결코 간과하거나 무시해서는 안 될 것이다.

question 072

나는 어떤 선물을 준비하고 있는가?

"이모, 여기 반찬 좀 더 주세요."라고 외쳤을 때, 당신의 식탁 위에 어느 정도의 반찬이 추가되어야 만족스러운가?

분명 한두 개 정도 추가되는 것만으로는 만족스럽지 못할 것이다. 받는 입장이기는 하지만 당신이 기대하는 수준에 미치지 못할 경우 감사하다는 생각보다는 야박하다는 생각이 더 많이 든다. 경우에 따라서는 언성이 높아지는 적반하장의 경우도 발생한다.

반면 당신이 기대했던 수준보다 더 나오는 경우나 당신이 요구하지 않았음에도 불구하고 알아서 챙겨주는 경우에는 상황이 달라진다. 감사한 마음이 생겨나고 덤으로 받는 음식은 남기지 않고 깨끗이 비우게 되는 경우가 많다. 만일 당신이 식당 주인이라면 단골손님을 한 명 확보하게 되는 순간이 될 수도 있다.

식당을 벗어나 당신이 누군가에게 선물을 준다면 어떤 선물이 좋을까? 그리고 당신의 선물을 받는 사람은 어떤 선물에 감동을 받을까?

아마도 당신이 준비한 선물에 상대방이 감동을 받았다면 그것은 받는 사람이 평소에 가지고 싶었던 것이거나 의미가 있는 것 그리고 매번 다른 것이었을 가능성이 많다.

선물의 내용뿐만이 아니라 선물을 주는 방법도 상대방의 감동에 영향을 준다. 상대방으로 하여금 '나를 생각하며 준비했구나.'라는 생각이 들 수 있는 방법으로 전달한다면 감동은 배가되는데 종종 유튜브 등을 통해 접하게 되는 프러포즈 영상 등을 보면 선물을 주는 방법 역시 선물의 일종임을 느끼게 된다.

감동을 주는 선물에는 몇 가지 특징이 있다. 그것은 바로 상대방이 기대한 것 이상이라는 점과 기억에 남는다는 점 그리고 여운이 있다는 점 등이라고 할 수 있다.

일상에서 누군가에게 선물을 주는 경우는 생각보다 그렇게 많지 않다. 하지만 선물에 대한 생각을 확장해 보면 일상에서 당신이 준비할 수 있는 선물과 상대방에게 줄 수 있는 선물은 생각보다 훨씬 많아진다.

당신이 무엇인가를 배우는 학생이라면 선생님이 기대한 것 이상으로 책을 읽고 공부를 하고 운동을 하는 것도 선물이 될 수 있다.

당신의 직장 후배나 동료가 어려움이나 고민에 빠져 있다면 당신이 할 수 있는 것 이상으로 문제를 해결하려는 노력을 하는 것 역시 상대방에게는 선물이 된다. 당신이 그 사람을 위해 기울인 노력은 그 후배나 동료의 기억 속에 아주 오랜 시간 동안 남아 있을 것이다.

상사로부터 받은 업무에 대한 결과물도 당신이 상사에게 주는 선물이다. 하라는 것만 해서는 상사에게 여운을 남기기 어렵다. 해당 업무와 관련된 다양한 생각과 접근을 통해 지시한 것 이상의 결과물을 들고 왔을 때 여운이 남고 앞으로도 함께 하고 싶은 생각이 든다.

물론 이렇게 하는 과정에서 가장 많은 수혜를 입는 것은 자신이다. 공부를 하면서 문제를 해결하면서 다양한 생각과 접근을 하면서 전보다 더 많은 것을 알게 되고 성숙하게 되었으니 말이다.

영어로 표현된 선물(present)은 현재(present)와 중의적인 의미를 지니고 있다. 현재의 당신이 누군가에게 감동을 주는 선물이 되기 위해서는 당신이 할 수 있는 것에 한 가지만 더 덤으로 얹으면 된다. 그 한 가지가 당신을 가정에서 학교에서 그리고 직장과 사회에서 더 가치 있게 만들 수 있다.

question 073

나는 어떤 장면을 만들어가고 있는가?

"지금 그대가 잘나가고 있다고 생각한다면 앞으로 운이 더 나빠질 것으로 생각하고, 지금 하는 일이 꼬인다고 생각되면 앞으로는 운이 더 좋아질 것으로 기대해도 좋다."

이는 플루타르코스 영웅전에서 카이사르가 한 말로 알려져 있다. 그는 이와 같은 말을 통해 스스로 자만에 빠지지 않도록 경계하는 것은 물론, 감당하기 어려운 현실 앞에서 좌절하지 않도록 스스로를 격려했다.

또한 아무리 힘든 일이 있어도 절망하거나 포기하지 않고, 아무리 잘되고 영광된 일이 있어도 교만하지 않도록 스스로를 이끌어 줄 수 있는 내용이기도 하다.

오래 전에 쓰여진 글이지만 오늘날 사회 곳곳에서 현실의 장벽에 부딪히고 예상치 못한 장애물에 봉착하여 어려움을 겪으며 살아가는 우리가 어떤 마음가짐으로 살아가야 하는지에 대한 메시지는 여전히 강력하다.

공부를 열심히 하는 데에도 성적이 향상되지 않는 경우도 있고 사업에 어려움을 겪기도 한다. 그 누구보다 열심히 했다고 생각했는데 승진이나 보상이 누락되는 경우도 있고 건강상의 문제가 발생하기도 한다. 더군다나 나는 잘못한 것이 없는데 주변의 상황 변화로 인해 자신에게 피해가 오는 경우도 있다.

이와 같은 장벽이나 장애물 등은 자신이 도저히 해결하거나 극복할 수 없을 것처럼 보이기도 한다. 이 상태에서 조금 더 부정적인 방향으로 흘러가면 아예 자포자기를 하게 된다.

그러나 지난날을 한 번 되돌아보자. 당시에는 자신이 처한 상황이나 자신 앞에 놓인 일들이 힘들고 어려웠던 것이 사실이지만 이를 극복하고 난 후에는 그 힘들고 어려웠던 것이 오히려 무용담의 소재가 되는 경우가 많다. 물론 이를 극복할 수 있었던 원동력은 당연히 당신의 마음가짐이었을 것이다.

그렇다면 지금 당신 앞에 놓여 있는 어려움은 머지않은 미래에 당신의 주변 사람들에게 전해 줄 수 있는 흥미진진하면서도 삶의 지혜가 묻어 있는 당신만의 이야기 소재라고 마음먹어보는 것은 어떨까? 다시 말해 나는 지금 훗날에 떠올리며 미소를 지을 수 있는 아름다운 추억의 한 장면 한 장면을 만들어가고 있다고 생각하는 것이다.

실제로 어려움에 직면했을 때 자신의 머릿속에서 예전의 아름다운 장면들을 마치 사진첩에 꽂혀 있는 사진을 꺼내 보듯이 한 장 한

장 떠올려 볼 수 있는 사람은 그렇지 않은 사람에 비해 비교적 쉽게 그 상황을 극복할 수 있다고 한다.

당신이 힘들고 어려울 때 떠올리는 아름다운 추억의 장면은 무엇인가? 그리고 지금 당신의 머릿속에는 어떤 장면들이 저장되어 있는가? 마지막으로 훗날 당신의 머릿속에는 어떤 장면이 떠올랐으면 하는가?

지금 당신은 훗날 당신의 머릿속에서 떠올릴 수 있는 아름다운 추억의 한 장면을 만들어가고 있다.

question 074

나는 어떻게 스포츠맨십을 발휘하는가?

2002년 월드컵에서 벨기에 팀을 떠올리는 사람은 많지 않다. 벨기에 팀은 14위에 그쳤지만 당시 페어플레이상을 수상한 팀이다. 페어플레이상은 레드카드와 옐로카드를 받은 횟수, 적극적인 플레이, 상대 팀에 대한 배려, 심판의 지시 복종, 팀 관계자들의 행동, 응원 관중들의 태도 등 6개 항목에 대한 점수를 기준으로 결정된다.

벨기에가 페어플레이상을 수상할 수 있었던 이유 중 하나는 브라질과의 16강전이었다. 1:0으로 지고 있던 전반 36분 무렵, 빌모츠의 헤딩슛이 브라질의 골망을 통과했지만 심판은 빌모츠의 오프사이드를 선언했다. 격렬한 항의가 예상되었지만 빌모츠와 벨기에의 코치진은 이 상황을 인정했다.

판정에 대한 승복이었던 셈인데 승패를 떠나 진정한 스포츠맨십(sportsmanship)이 무엇인지를 보여주는 장면이었고 그 결과 벨기에 팀은 승리에 버금가는 명예를 얻었다.

스포츠맨십은 공정하게 경기에 임하고 비정상적인 이득을 얻기 위해 불의한 일을 하지 않으며 항상 상대편을 향해 예의를 지키는 것은 물론, 승패를 떠나 결과에 승복하는 경기 정신을 의미한다.

그리고 광의적으로는 사람으로서 마땅히 지켜야 할 정도를 가리키기도 하는데 우리의 일상이 스포츠 경기와 마찬가지로 누군가와는 직접적이든 간접적이든 경쟁을 해야 하고 그 결과에 따라 희비가 엇갈리는 상황에 처해 있다는 점으로 볼 때 스포츠 선수가 아니더라도 우리는 스스로 스포츠맨십을 발휘해야 할 필요가 있다.

우리가 일상에서 스포츠맨십을 발휘하기 위해서는 우선 경쟁에 대한 올바른 시각을 갖고 상대방을 존중해야 한다.

경쟁을 의미하는 Competition이란 단어는 Com-petio(함께 애쓰다)에서 나왔다. 이는 자신과 상대방이 승리를 위하여 함께 애쓰는 존재임을 의미한다. 경쟁의 결과는 다를지언정 여정은 함께 하는 것이다. 따라서 나와 함께 경기를 하고 있는 상대방은 적(敵)이나 경멸의 대상이 아니라 존중의 대상으로 볼 필요가 있다.

하지만 현실에서 이와 같은 모습을 보는 것은 쉽지 않다. 경쟁에서 살아남고 이기기 위해 수단과 방법을 가리지 않는 것은 물론이고 의도적으로 불공정한 상황을 조성하거나 허위의 내용을 만들기도 한다. 그리고 경우에 따라서는 자신에게 유리한 측면에서 융통성이라는 유혹에 빠지기도 한다. 그러나 이와 같은 행동을 했던 개인이나 조직이 최종적으로 어떤 결말들을 맞이했는지는 우리가 이미 알고 있지 않은가?

　다음으로는 결과에 승복해야 한다. 자신이 원하는 결과가 아니라고 해서 이를 부정하거나 결과에 대한 책임을 외부로 돌리는 것은 마치 어린아이가 떼를 쓰는 것과 다르지 않다. 설령 떼를 써서 결과를 번복한다손 치더라도 그 결과가 주는 의미는 이미 상실되고 껍데기만 남는 격이 될 수 있다.

　학교에서, 직장에서 그리고 사회에서 다양한 사람들과 여러 가지 경기를 하고 있는 당신이 그 경기에서 승리를 하는 것은 중요하다. 다만 잊지 말아야 할 것은 당신이 성취한 승리의 기반이 스포츠맨십에 있어야 한다는 것이다.

question 075

나에게는 어떤 렌즈가 필요한가?

　필자가 애착을 가지고 있는 물품 중 한 가지는 바로 수동 카메라이다. 사진에 대한 관심과 매력에 빠져 30여 년 전 구입한 후 지금까지 소장하고 있다.

　사진을 배우면서 처음에는 표준렌즈만으로 사진을 찍기 시작했다. 다들 알다시피 표준렌즈는 사람의 시각과 가장 유사한 각도와 거리를 가지고 있어 육안으로 보이는 것을 있는 그대로 옮겨놓을 수 있다. 그러나 표준렌즈만으로는 더 멀리 더 넓게 그리고 더 자세하게 보고자 하는 욕구를 충족시키기 어려웠다.

　이와 같은 욕구를 충족시키기 위해서는 별도의 렌즈가 필요했고 필자는 용돈을 조금씩 모아 각각의 용도에 맞는 렌즈를 하나씩 추가로 구매하기로 했다.

　소정의 금액이 모인 후 가장 먼저 구입한 렌즈는 망원렌즈였다. 더 멀리 있는 피사체를 바로 눈앞에 있는 것처럼 볼 수 있다는 매력이 남달랐기 때문이었다. 다음으로는 광각렌즈를 구입했는데 이는 화각이 넓어서 육안으로 보이는 것보다 더 많은 것을 담을 수 있기 때문이었다. 마지막으로 접사렌즈를 구입했다. 이 렌즈는 매우 가까이서 초점을 맞출 수 있어 보다 자세하고 세밀한 촬영이 가능하다는 장점이 있었다.

표준렌즈를 비롯해서 망원렌즈와 광각렌즈 그리고 접사렌즈를 가지고 사진을 찍기 시작하니 그동안 볼 수 없었던 것과 표현하기 어려웠던 것 등을 대부분 해결할 수 있었다. 이와 함께 사진을 찍는 즐거움도 배가되었다.

물론 지금은 이 카메라와 각종 렌즈를 거의 사용하지 않지만 가끔씩 꺼내 놓고 보면서 삶과 일에 있어서 발생하는 문제를 해결하거나 즐거움을 느끼기 위해서는 사진을 찍는 것과 마찬가지로 표준렌즈뿐만 아니라 다양한 렌즈를 가지고 있어야 한다는 생각을 해 본다.

그리고 이와 관련해서 첫 번째 렌즈로 자신의 미래를 바라볼 수 있는 망원렌즈를 권하고 싶다. 삶과 일에 있어 망원렌즈와 같은 기능을 발휘할 수 있는 것은 자신이 추구하는 것이 무엇인지 그리고 자신이 지향하고 있는 곳은 어디인지 등에 대해 정의하는 것이다. 하루하루가 힘겹다고 하더라도 결코 빠뜨려서는 안 될 렌즈라고 할 수 있다.

두 번째 렌즈로는 자신의 생각과 네트워킹의 범위를 넓힐 수 있는 광각렌즈를 권하고 싶다. 이를 위해서는 독서의 양을 획기적으로 늘리고 다양한 분야에 있는 사람들과의 교류를 확대해야 한다. 자신이 관심 있는 분야의 책만 읽거나 익숙한 사람들과의 만남만으로는 이와 같은 렌즈를 가질 수 없다.

　마지막으로는 자신이 하고 있는 일을 보다 자세하고 세심하게 볼 수 있는 접사렌즈를 권하고자 한다. 어떤 현상이나 문제에 대해 세밀하게 보는 것은 전체를 보는 것만큼 중요하다. 바둑에서 사용하는 용어 중 착안대국 착수소국(着眼大局 着手小局)이라는 말이 있는데 이는 거시적으로 보되 한 수 한 수는 세심하게 하라는 뜻으로 우리의 삶과 일에 있어서도 마찬가지라고 할 수 있다.

　당신은 어떤 렌즈로 삶과 일을 바라보는가? 만일 단 하나의 렌즈만으로 바라보았다면 다른 렌즈를 통해 다시 한번 볼 생각은 없는가? 당신이 지금 보고 있는 것을 넘어 더 멀리 더 넓게 그리고 더 자세하게 볼 수 있는 렌즈로 교체해서 보는 것은 그리 어려운 일이 아니다.

question 076

나는 어떻게 참여하고 있는가?

"3번인가?", "5번 아니야?", "1번이 더 좋은데?"

몇 년 전부터 우리는 가수가 부르는 노래를 그 어느 때보다 주의 깊게 듣고 옆 사람과 의견을 나누기 시작했다. 더군다나 자신 및 타인이 선택한 결과에 대해 분석도 한다. 그리고 무엇을 놓쳤는지 확인하고 앞으로 무엇에 집중해서 보고 들을지에 대해서도 알게 된다.

과연 무엇이 수동적으로 듣기만 했던 관객을 이처럼 능동적으로 만들었을까?

그동안 우리가 접해왔던 음악 프로그램에서의 관객은 객석에서 가수가 부르는 노래를 듣는 것 이외에는 달리 할 것이 없었다. 그러나 관객이 음악 프로그램에 직접적으로 참여하는 순간, 모든 것이 달라졌다. 더군다나 관객의 의견이 반영되면서 관객은 방관자에서 참여자로 바뀌기 시작했다.

참여자로 바뀐 관객에게 들려오는 노래는 단 한 소절도 그냥 스쳐 지나가는 법이 없다. 가수의 미세한 숨소리 하나까지 놓치지 않으려고 한다. 그러다 보니 같은 노래일지언정 예전에 들었던 것과는 사뭇 다른 느낌이다.

이 상태가 바로 관객으로서는 비로소 음악을 즐기는 순간이기도 하다. 단순히 귓가로 흘러들어오는 멜로디를 감상하는 것을 넘어 가수의 감정을 이해하려고 하고 노랫말이 주는 의미를 되새겨보기 때문이다.

이와 같은 참여로 인한 즐거움은 물론, 능동적으로 변화되는 자신을 느끼기 위해 비단 음악 프로그램의 관객이 되어야만 하는 것은 아니다.

일상에서도 우리는 충분히 이와 같은 생각과 행동 그리고 느낌을 얻을 수 있다. 단, 적극적으로 참여해야 한다.

적극적으로 참여하기 위해서는 자기중심적인 생각에서 벗어나 우리 중심적인 생각을 가져야 한다. 우리 중심적인 생각에는 공통의 비전과 합의된 목표 등이 자리 잡고 있다. 또한 자신이 정한 규칙이 아닌 우리가 정한 규칙을 지켜야 한다. 그리고 스스로 한계를 정하지 말고 암묵적으로 만들어진 경계를 허물 필요가 있다.

참여한다는 것은 단순히 몸만 그 장소에 있는 것이 아니라 하고자 하는 마음과 의지까지 함께 있는 것이라고 할 수 있다. 또한 참여의 의미를 보다 확장해 보면 몰입, 공헌, 헌신, 책임 등에 이르기도 한다.

따라서 참여하는 사람에게서는 이끌려가는 모습이나 억지로 하는 모습을 찾아보기 힘들다. 오히려 이끌어가거나 자발적인 모습이 나타난다. 자신이 참여하는 순간, 하고 있는 일의 의미가 달라지고 접근하는 방식이 달라지기 때문이다.

지난 시간을 되돌아보며 혹 자신이 속한 조직이나 하고 있는 업무 등에서 참여자가 아닌 방관자의 옷을 더 많이 입고 있었다고 생각된다면 이제 그 낡은 옷은 벗어 던지고 참여자에게 어울리는 옷으로 갈아입고 내일을 맞이하자.

나는 어떤 질문을 찾고 있는가?

답을 찾는 것이 쉬울까? 아니면 질문을 찾는 것이 쉬울까?

보편적으로는 답을 찾는 것이 상대적으로 더 쉽다. 그 이유 중 하나는 답을 찾는 과정은 종종 복잡하고 어려운 경우도 있지만 나름대로 정형화되거나 축적된 프로세스가 있고 먼저 경험한 이들로부터 도움을 얻을 수 있어 매번 완벽하지는 않을지언정 결국은 답을 찾을 수 있기 때문이다. 또 하나의 이유로는 답을 찾는 연습을 많이 해왔다는 것을 들 수 있는데 그동안 우리는 학교에서 시험문제를 맞추기 위해 그리고 직장에서는 현장의 문제를 해결하기 위해 답을 찾는 연습에 많은 시간을 사용했다.

그러나 질문을 찾는 것은 그리 쉬운 일이 아니다. 이는 답을 찾는 연습에 비해 질문을 찾는 연습을 많이 하지 않았기 때문이기도 하고 특히, 올바른 질문을 찾기 위해서는 상당한 시간과 노력을 기울여 생각의 폭과 깊이를 확장해야 하며 다방면에 걸친 고민과 함께 자기 자신과의 끊임없는 문답이 이루어져야 하기 때문이다.

그래서 많은 사람들은 스스로 질문을 찾는 어려움을 선택하기보다는 타인이 만든 질문에 대한 답을 찾아가는 것에 만족하며 살아가는 듯 보이기도 한다.

물론 우리가 타인으로부터 접하는 질문들의 대부분은 자신에게 필요한 질문이고 유용한 질문이기에 그 답을 찾아가는 과정과 상황에 맞는 답을 제시하는 것이 무의미하지는 않다. 실제로 현재 자신의 모습은 그동안 자신에게 던져진 수많은 질문에 대해 올바른 답을 찾아낸 결과이기도 하다.

그러나 올바른 답을 찾는 것만으로는 자신의 현 상태를 유지하기 어려우며 자신의 미래를 예상하는 것은 어림도 없다.

현 상태를 유지하는 것을 넘어 미래의 만족스러운 모습까지 내다보기 위해서는 올바른 답을 찾는 것과 함께 올바른 질문을 찾는 것이 필요하다. 만일 지금 자신의 모습에 만족스럽지 않다면 과거에 올바른 답을 찾지 못해서가 아니라 자신에게 필요한 올바른 질문을 찾지 못했기 때문일 가능성이 더 클 수도 있다.

올바른 질문이란 자신과 타인을 성장시킬 수 있는 질문이고 조직에 기여할 수 있는 질문이며 사회를 보다 더 좋게 만들 수 있는 질문이다.

동서고금을 막론하고 수많은 리더(leader), 선도자(first mover) 그리고 혁신자(innovator)들은 올바른 질문을 찾기 위한 여정을 떠났다. 그들이 찾은 질문은 '나는 무엇을 위해 살아가는가?', '나는 내가 속한 조직에 어떻게 기여하고 있는가?', '세상을 더 좋은 곳으로 만들기 위해 무엇을 할 수 있을까?', '나는 죽은 후에 어떤 사람으로 기억되고 싶은가?' 등 이루 헤아릴 수 없으리만큼 많다. 이들은 질문을 찾는 과정에서 그리고 그 질문에 스스로 답하는 과정에서 자신과 타인을 성장시키고 조직에 기여했으며 사회를 변화시켜 나가고 있다.

당신이 찾은 당신에게 올바른 질문은 무엇인가? 그 질문은 당신의 가치관, 삶과 업(業)에 대한 태도 그리고 행동에 긍정적이고 건설적인 영향을 미치는 질문인가? 질문이 바뀌면 답도 달라진다. 이것이 바로 당신이 올바른 질문을 찾아야 하는 이유이기도 하다.

question 078

나의 일에는 어떤 맛이 있는가?

"헌혈 릴레이를 펼치고자 합니다. 헌혈을 통해 누군가를 살릴 수 있고 나의 건강 상태를 확인하는 좋은 기회가 되며 헌혈증 기부를 통해 사회적 기여도 할 수 있다는 생각에 임관 20주년 기념행사가 예정된 날까지 현역 및 예비역 장교 동기생 1,455명의 헌혈과 함께 헌혈증을 모아 기증했으면 합니다."

위의 글은 2016년에 필자가 속한 대한민국 육군 학사장교 27기 총 동기회 SNS에 동기생 한 명이 이벤트를 제안하는 차원에서 개인적으로 올린 글이다.

이렇게 불현듯 시작된 헌혈 릴레이는 헌혈한 동기생이 헌혈 인증 사진을 SNS에 탑재하고 헌혈을 이어나갈 동기생 5명을 지명하는 방식으로 진행 중이다.

이 아이디어가 실행으로 옮겨지는 데에는 오랜 시간이 걸리지 않았다. 많은 동기생들이 자신의 헌혈 인증 사진을 보내왔고 자발적인 동참 의지를 표현하는 댓글이 올라왔다. 필자 역시 인증 사진과 함께 5명의 동기생을 지명했다.

　물론 동시다발적으로 이루어지다 보니 이 과정에서 중복으로 헌혈을 지명받은 이들도 나오기 시작했는데 이런 문제는 어떻게 해야 하느냐는 질문에 '지명받은 횟수만큼 헌혈해야 한다.'라는 나름대로 재미있는 기준도 만들어졌다. 이와 관련 전혈은 2달이 지나야 다시 할 수 있지만 성분헌혈은 2주만 지나도 다시 할 수 있다는 정보를 공유한 동기생은 '그렇다고 자신을 다시 지명하지는 말아 달라.'라는 말도 잊지 않았으며 '당분간 동기들의 연락을 받으면 안 될 것 같다.'라는 재치 있는 글도 동기생들의 미소를 자아내게 만들었다.

　필자는 이와 같은 상황을 보면서 헌혈 릴레이가 어떻게 동기생들의 공감을 얻고 자발적 참여를 이끌어내었으며 확산되는 상황까지 만들었을까를 생각해 보았다. 그리고 이번 이벤트에는 세 가지 맛(三味)이 있다는 것을 알아냈다.

　첫 번째 맛은 의미(意味)이다. 어찌 보면 누구나 생각할 수 있는 아이디어일 수도 있지만 단순히 아이디어만 제시한 것이 아니라 개인적인 의미와 사회적인 의미까지 부여했다. 의미가 명확하고 이에 대해 공감이 된다면 실행으로 옮기는 것은 그리 어려운 일은 아니다.

　두 번째 맛은 흥미(興味)이다. 흥미는 관심이기도 한데 이를 위해서는 빠른 시간 내에 첫 단추를 끼우는 것이 관건이다. 의미에는 공감하지만 시간이 지나도 막상 나서는 이가 없다면 흐지부지 해지기 마련이다. 우리의 경우에는 불과 이틀 만에 동기생 한 명이 올려놓은 단 한 장의 헌혈증 사진이 그 역할을 했다.

세 번째 맛은 바로 재미이다. 참여하면 의미는 물론, 재미도 있다는 생각이 들면 확산되는 것은 시간문제다. 직접 만날 수는 없어도 온라인상에서 주고받는 대화들은 재미도 있을뿐더러 그동안 연락이 소원했던 동기들과의 연결고리도 되었고 시간을 거슬러 20여 년 전의 모습으로 다시 만나는 계기도 되었다.

이런 분위기가 조성되고 실행으로 옮겨지는 모습은 비단 특정 조직이나 이벤트에만 해당되는 것은 아니다. 자신이 하고 있는 일이나 해야 할 일 역시 마찬가지다.

자신의 일에 의미를 부여하고 흥미를 불러일으키며 재미를 느낄 수 있다면 지금 하고 있는 일은 어제까지의 일과는 전혀 다른 일이 된다.

당신이 하고 있는 일, 그리고 앞으로 해야 할 일에는 의미, 흥미, 재미라는 세 가지 맛이 녹아있는가? 그리고 당신이 한 조직의 리더의 역할을 수행한다면 당신과 당신의 동료들은 이 세 가지 맛을 공유하고 있는가?

만일 아직 그 맛을 느끼지 못했다면 하루라도 빨리 그 맛을 찾아보길 권한다.

question 079

나는 필요한 것을 어떻게 찾는가?

손목시계를 보니 시간이 멈춰 있었다. 정확하게 말하면 시간이 멈춘 것은 아니다. 단지 시계가 멈춘 것이다. 시계가 멈추었다고 해서 시간까지 멈추는 일은 없다.

시계가 멈췄다고 해서 크게 걱정할 일은 없다. 배터리를 교환하거나 수리하거나 혹은 새로 구입하면 그만이다. 더 나아가 손목시계가 없더라도 일상에서 문제가 발생하는 경우는 많지 않다. 주위를 둘러보면 손목시계를 대체할 수 있는 것들이 많기 때문이다.

그러나 시간이 없으면 달라진다. 시간이 없으면 여러 가지 문제가 발생한다. 조급해지는 것은 물론, 실수를 할 수도 있으며 하고 싶은 것 혹은 해야 하는 것을 못하게 될 수도 있다. 시간은 시계와 달리 필요한 것이기 때문이다. 물론 시간을 대체할 수 있는 것을 찾기도 어렵다.

시계와 시간의 의미상 차이는 부수적인(accessory) 것과 필요한(necessary) 것의 차이라고 할 수 있다. 잘 알고 있다시피 액세서리는 반드시 요구되는 것은 아니다.

그런데 우리는 간혹 필요한 것보다는 부수적인 것에 집착하는 우를 범하기도 한다. 자신에게 의미 있는 시간을 갖기 위한 노력보다는 자신의 마음에 드는 시계를 소유하고자 하는 것이 그렇다. 그리고 어떤 이유에서인지 몰라도 필요한 것과 부수적인 것의 우선순위를 뒤바꾸는 경우도 종종 발생한다. 이렇게 되면 주객이 전도되거나 본질이 흐려지게 된다.

이와 같은 문제는 비단 시계와 시간에서만 찾을 수 있는 것은 아니다. 우리는 때때로 일을 하는 상황에서도 정작 필요한 것과 부수적인 것을 구분하지 못해 본질과 동떨어진 접근을 하는 경우가 있다.

일례로 어떤 일을 하기로 했다면 혹은 하고 있다면 당신에게 필요한 것은 목적과 목표 등이 될 것이다. 당연히 필요한 것을 먼저 찾아야 이후의 일이 순조롭게 진행될 수 있다.

명확한 목적이나 목표를 가지고 있는 상태에서 당신에게 부수적인 것은 이를 구현할 수 있는 여러 가지 방법 중 하나를 선정하는 것이다. 물론 목적과 목표에 부합한 최적화된 방법을 선택하고 적용했을 때 그 일이 빛을 발하는 것은 두말할 나위도 없다.

그러나 만일 어떤 일을 하는 데 있어 필요한 것 찾기를 제쳐 놓고 부수적인 것에 관심과 노력을 기울이게 된다면 본질에서 벗어날 뿐만 아니라 그 결과 역시 그리 만족스럽지 않을 것이다. 이는 포장 용기나 포장지를 먼저 고르고 이에 맞는 선물을 선택하는 우를 범하는 것과 다르지 않다.

　우리 주변에는 필요한 것과 부수적인 것이 수없이 공존하고 있다. 이에 대한 구분을 명확하게 하지 못한다면 그리고 필요한 것을 먼저 찾지 않는다면 자신의 시간, 에너지, 자원 등을 낭비할 가능성이 크다.

　이제 자신의 삶과 일을 되돌아볼 시간이 되었다. 혹 필요한 것이 아니라 부수적인 것에 매달리고 있다면 아직 늦지 않았으니 먼저 필요한 것을 찾는 노력을 기울이면 어떨까?

question _____ 080

나는 창조하기 위해서 무엇을 하는가?

  1차 세계대전에서 오른팔을 잃은 피아니스트 파울 비트겐슈타인을 위해 작곡가인 모리스 라벨은 1930년 '왼손을 위한 피아노 협주곡 D장조'라는 곡을 만들었다. 이 곡은 왼손만으로 연주했다고는 믿기지 않을 정도로 듣는 이에게 섬세하고 아름다운 선율을 선사한다.

  당신이 이 곡을 감상한다면 단순히 왼손만으로 연주한 피아니스트에게만 주목할 것이 아니다. 오히려 이 곡을 작곡한 모리스 라벨을 떠올려 볼 필요가 있다.

  오늘날 죽기 전에 꼭 들어야 할 클래식 목록에도 선정된 바 있는 이 곡은 자신이 아끼는 피아니스트 파울 비트겐슈타인의 치명적인 결핍을 발견한 작곡가 모리스 라벨이 왼손만으로도 아름다운 연주가 가능한 피아노곡을 만들고자 노력한 결과의 산물인 것이다.

  이처럼 무엇인가가 새롭게 만들어지는 과정은 결핍을 발견하는 것으로부터 시작된다. 그리고 그 순간이 곧 창조의 출발점이라고 해도 과언이 아니다. 창조는 눈에 보이는 물질적인 것을 만들어내는 것에 국한되지 않는다. 생각이나 문화 등 눈으로 보이지 않는 영역에서도 얼마든지 나타난다.

그러나 일상에서 우리가 오다가다 접하는 창조는 말처럼 쉽지 않다. 이는 창조가 특정인의 영역이거나 어려워서라기보다는 결핍을 발견하는 것이 어렵기 때문이며 어쩌면 결핍을 발견하고자 하는 마음이 없기 때문일 수도 있다. 즉 창조가 어려운 이유를 한마디로 표현하면 무관심 때문이라고 말할 수 있다.

무관심은 분명히 무엇인가의 결핍이 있는 상태임에도 불구하고 찾으려 하지도 않고 찾으려는 생각도 하지 않는 것이다. 그 결과 불편하면 불편한 대로 부족하면 부족한 대로 있는 것이다.

이렇게 되면 당신은 창조와는 담을 쌓고 지내야 한다. 만일 당신이 창조와 담을 쌓는다면 어떤 일이 벌어질까?

개인적인 측면에서 창조와 담을 쌓는다면 더 이상의 발전을 기대하기 어려울 수 있다. 부족한 점을 찾지 않는 것은 물론, 부족함을 알고 있으면서도 이를 개선하거나 극복하기 위한 노력을 하지 않으니 당연하다.

조직적인 측면으로 살펴봐도 마찬가지다. 업무를 수행하면서 결핍을 찾지 않고 발견된 결핍이 있더라도 이를 해결하고자 하는 생각이나 행동 대신 타성과 매너리즘 그리고 무사안일주의에 안주했던 조직의 결말은 동서고금을 막론하고 비극적이다.

그렇다면 창조의 출발점이라고 할 수 있는 결핍은 어떻게 발견할 수 있을까?

필자는 주인이 되면 그동안 보이지 않았던 많은 결핍들을 발견할 수 있다고 생각한다. 내 삶의 주인이 되는 순간, 자신에게 부족한 점들이 보이게 되고 자신이 하고 있는 일의 주인이 되는 순간, 그 일을 하는 데 있어 부족했던 점들이 보이게 된다.

따라서 당신이 무엇인가를 창조하고자 한다면 우선 당신의 삶과 일에 있어 주인이 될 필요가 있다.

question _____ 081

나의 블루오션은 어디에 있는가?

퇴근 후 아파트 주차장에 들어서면 필자의 시선은 분주해진다. 주차하기 편하고 집으로 걸어 들어가는 거리가 짧은 주차공간을 찾기 때문이다. 그래서 먼저 출입구에서 가장 가까운 쪽에 비어 있는 주차공간이 있는지를 확인한다. 물론 필자가 찾는 공간은 이미 다른 차량들이 주차되어 있어 빈 공간이 없다.

다음으로 방향을 돌리는 곳은 지하 1층이다. 한 번에 봐도 빈 공간이 없어 보이지만 혹시나 하는 마음으로 지하 1층 주차장을 천천히 돌아본다. 역시나 필자가 주차할 공간은 보이지 않는다.

결국 돌고 돌아 마지막 층에 이르게 되는데 이 공간은 언제나 여유가 있다. 더군다나 좌우에 차량이 없는 경우가 대부분이니 주차하기도 한결 수월하다.

가만히 생각해 보면 어느 건물에 들어서든지 간에 현관이나 입구 쪽에 가까운 주차공간을 찾느라 허비한 시간이 만만치 않은 것 같다. 운 좋게 원하는 위치의 빈 공간을 찾으면 다행이지만 거의 대부분의 경우에는 돌고 돌다가 결국은 마지막 층으로 향하게 된다. 물론 마지막 층은 언제나 여유가 넘친다.

필자는 주차장에서 블루오션(blue ocean)을 찾으라고 한다면 단연 마지막 층이라고 말할 수 있다. 블루오션은 한마디로 말해 경쟁자가 없는 유망한 시장을 의미하는데 10여 년 전 프랑스 인시아드 경영대학원의 김위찬 교수와 르네 모보르뉴 교수가 함께 제시한 이후 지금까지 각계각층에서 널리 사용되고 있다.

그런데 일상에서 그리고 자신이 하고 있는 분야에서 블루오션을 찾기란 생각만큼 쉬운 일은 아니다. 이는 마치 많은 차들로 가득 차 있는 주차장에서 주차공간을 찾는 것과 다르지 않기 때문이다.

그러나 조금 더 생각해 보면 블루오션을 찾기가 어려운 것의 이면에는 찾기 싫은 귀찮음과 게으름이 자리 잡고 있으며 보다 쉽게 찾기를 원하는 마음이 있다는 것을 알 수 있다. 따라서 자신만의 블루오션을 찾기 위해서는 이와 같은 마음과 태도를 바꿀 필요가 있다.

블루오션을 찾고자 한다면 첫 번째로 떠오른 생각은 과감히 버릴 필요가 있다. 그 이유는 상대적으로 쉽게 할 수 있는 생각이며 많은 사람들이 생각하는 것과 다르지 않기 때문이다. 비슷한 생각이 많다는 것만으로도 이미 레드오션(red ocean)화되고 있다고 볼 수 있다.

다음으로는 차선(次善)을 택하기보다는 차별(差別)을 강구해야 한다. 차선이라는 것은 일반적으로 기존의 영역에서 이루어지게 되는데 이 역시 블루오션을 찾는 것과는 거리가 있다. 오히려 기존의 영역에서 벗어나 다른 영역으로 시선을 돌리는 것이 필요하다.

마지막으로는 행운을 기대하기보다는 노력에 기대해야 한다. 시간과 에너지가 많이 투입되는 것이 노력이다. 다양한 분야에서 일하고 있는 사람들을 만나는 것, 학습하고 책을 읽는 것, 구상한 것을 시도해 보는 것 등이 이에 속할 수 있다.

많은 사람들은 자신의 삶과 일에서 블루오션을 찾고자 한다. 단순히 치열한 경쟁에서 벗어나기 위함보다는 새로운 영역을 개척해 보고 싶은 욕구가 있기 때문이다. 당신은 어떻게 당신의 블루오션을 찾고 있는가?

question 082

나는 어떤 선서를 하는가?

 필자는 30여 년 전 육군 소위로 임관할 때 오른손을 들고 수많은 사람들이 지켜보는 가운데 국가와 국민을 위해 충성을 다하고 헌법과 법규를 준수하며 부여된 직책과 임무를 성실히 수행하겠다는 선서를 했다. 이른바 임관 선서였다. 돌이켜보니 당시에는 그 선서의 무게감을 크게 느끼지 못했지만 이제야 그 무게감이 어느 정도인지 느끼게 된다.

 선서(宣誓)는 주로 공직에 임하는 사람이 법령을 준수하고 그 직무를 충실히 이행할 것을 여러 사람 앞에서 맹세하는 것으로 알려져 있다. 그래서 선서를 한 사람이 선서한 내용에 위배되는 언행을 한 경우에 대내외적으로 이에 대한 질타를 받는 것은 물론, 상대적으로 더 큰 책임을 묻기도 한다.

 그러나 조금 더 살펴보면 선서를 하는 대상은 공직자뿐만이 아니다. 의료계에 첫발을 내딛게 되는 의사와 간호사들은 의료인으로서의 책임과 책무, 윤리의식 등을 포함하고 있는 히포크라테스 선서와 나이팅게일 선서를 하는 것으로 잘 알려져 있다.

또한 올림픽을 비롯하여 각종 스포츠 경기에 참가하는 선수나 심판 역시 스포츠맨십을 준수하고 선의의 경쟁을 하겠다는 선서를 한다. 심지어 법정에 선 증인조차 진실만을 말할 것이라는 선서를 한 후에야 증언이 가능하다.

이와 같은 선서는 일반적으로 크고 작은 의식행사(ritual)와 함께 이루어지는데 말이나 글로 표현되는 것 이상의 상징적 의미도 지니고 있다.

조직 차원에서 볼 때 선서는 어떤 역할이나 임무를 맡거나 특정한 일을 수행해야 하는 구성원에게 요구되는 책임과 기대를 공식적으로 표명하는 것이다. 아울러 개인 차원에서 볼 때 선서는 그 일을 함에 있어 초심과 신념 그리고 의지 등을 다시 한번 마음속에 새기는 것이기도 하다.

그런데 선서가 갖는 사전적 의미나 상징적 의미와 함께 우리가 간과할 수 없는 중요한 의미가 하나 더 있다.

그것은 선서가 자신이 맡은 역할이나 하고 있는 업의 본질을 품고 있으며 선서를 한다는 것은 자신에게 부여된 역할이나 하고 있는 일에 대한 본질을 알고 이를 실천하겠다는 약속이라는 것이다. 이런 측면에서 볼 때 선서는 특정인만이 아니라 모든 사람들에게 필요하다고 여겨진다.

혹 당신만의 선서가 없다면 자신의 역할과 업의 본질에 대한 생각과 행동을 기반으로 자신만의 고유한 선서를 만들어 볼 필요가 있다.

이렇게 만들어진 선서는 당신의 역할과 업에 대한 품격을 한층 더 높여 주는 촉매제가 될 수 있다. 그리고 매일 아침, 이와 같은 선서를 마음속으로 한다면 일상에서 마주하는 여러 가지 선택의 상황이나 유혹과 마주쳤을 때 올바른 결정을 내리고 행동으로 옮기는 것이 한결 수월할 것이다.

당신은 오늘 아침 어떤 선서를 하고 나왔는가? 만일 하지 못했다면 내일부터는 어떤 선서를 하고 집을 나설 것인가?

question 083

나는 어떻게 문제를 해결하는가?

'이렇게 하면 되잖아!'

복잡하게 얽혀 있어 좀처럼 풀리지 않는 매듭을 풀기 위해 알렉산드로스가 선택한 방법은 바로 칼을 빼 들어 매듭을 잘라버린 것이다.

알렉산드로스가 잘라 버린 이 복잡한 매듭은 고르디우스의 매듭으로 알려져 있다. 전해져 오는 이야기로는 이 매듭을 푸는 사람이 아시아의 왕이 된다는 것이었고 알렉산드로스는 그렇게 되었다.

오랜 시간이 흘러 또 한 번 '이렇게 하면 되잖아!'라는 말이 울려 퍼졌다. 도저히 세워질 수 없을 것만 같았던 달걀이 탁자 위에 세워졌는데 이는 달걀의 밑 부분을 깨었기 때문에 가능한 일이었다. 이 이야기는 콜럼버스의 달걀로도 잘 알려져 있다.

위의 이야기들은 생각 또는 발상의 전환을 이야기할 때 종종 인용되기도 하는데 일반적으로 해결하기 어렵다고 여겨지는 것일지라도 기존의 생각이나 관점 그리고 방법을 조금만 바꾸면 해결할 수 있다는 의미를 내포하고 있다.

그러나 조금만 더 생각해 보면 알렉산드로스와 콜럼버스가 선택한 방법에 아쉬움이 남는다. 그 이유는 두 가지 방법 모두 원형을 손상했기 때문이다. 매듭은 풀렸지만 끈은 잘려졌고 달걀은 세워졌지만 깨져버렸다.

생각의 변화만으로 문제를 해결하기에는 어딘가 부족함이 있고 한계가 느껴진다. 그렇다면 문제 해결을 위해 생각의 변화와 함께 요구되는 것은 무엇일까?

그것은 바로 도구(tool)의 변화이다. 만약 알렉산드로스에게 칼뿐만 아니라 마린스파이크(marlinespike, 매듭을 푸는데 쓰이는 뾰족한 도구)가 있었다면 그가 굳이 끈을 잘라 낼 필요는 없었을 것이다.

생각의 변화와 도구의 변화만으로 문제가 해결되지 않는다면 환경의 변화 쪽으로 눈을 돌려 볼 필요가 있다. 만일 달걀을 세워야 하는 탁자의 표면을 달걀판과 같이 오목한 형태로 만들었다면, 즉 달걀이 세워져야 하는 환경이 달라졌다면 콜럼버스는 물론, 다른 이들도 온전한 상태의 달걀을 세울 수 있었을 것이다.

우리는 일상에서 개인적이든 조직적이든 혹은 크든 작든 수많은 문제와 마주치며 살아간다. 그리고 일상에서 마주치는 문제를 해결하기 위한 방법은 다양하다.

앞서 제시했던 생각의 변화는 상대적으로 쉬운 방법이다. 이는 일상의 일들을 다양한 관점으로 생각하고 바라보는 연습을 충분히 한다면 가능하다. 도구의 변화를 도모하는 것 역시 어렵지만은 않다. 새로운 것에 대한 호기심과 개방성 등을 갖추면 얼마든지 눈에 보이고 응용할 수 있는 부분이 많다. 환경의 변화는 상대적으로 시간이 많이 소요되며 어려움이 있을 수 있지만 근본적인 해결책을 가져올 수 있다는 큰 매력이 있다.

당신은 어떤 방법으로 당신 앞에 놓여 있는 문제를 해결하고자 하는가? 물론 알렉산드로스와 콜럼버스가 사용한 방법도 좋지만 이왕이면 그들이 했던 방법보다 더 세련되고 매력적인 문제 해결 방법을 찾기를 바란다. 지금은 21세기 아닌가?

question 084

나의 일과 삶은 얼마나 조화로운가?

돌이켜보니 학창 시절 방학만 되면 자의에 의해서건 타의에 의해서건 매번 만들었던 것이 있었다. 그것은 방학 시간표였다. 필자 역시 그 당시 대부분의 학생들과 다름없이 동그란 시계 모양 안에 하루 동안 해야 할 일들을 적어 놓은 방학 시간표를 만들었다.

완성된 방학 시간표는 마치 생일 케이크를 여러 조각으로 잘라 놓은 것처럼 보였는데 반듯한 선을 그어 구분해 놓은 시간의 조각들은 약간의 차이는 있지만 대부분 비슷한 크기로 만들어졌다.

그렇게 만들었던 이유 중 하나는 방학 기간 중 해야 할 일이라고 생각한 과목별 공부, 운동, 휴식 등에 소요되는 시간들을 가능한 한 균등하게 배분하면 어느 것 하나 놓치지 않고 방학을 잘 보낼 수 있을 것 같아서였다.

그러나 방학이 끝날 때마다 스스로 만족감을 느꼈던 적은 거의 없었던 것으로 기억된다. 아마도 무엇 하나 깊게 혹은 제대로 한 것이 없었을 터인데 이는 시간적으로 양적인 균형(balance)은 이루어졌을지언정 질적인 조화(harmony)는 없었기 때문일 것이다.

그렇다면 학교 밖에서는 어떨까? 수년 전부터 우리는 '일과 삶의 균형'이라고 일컬어지는 WLB(Work-Life Balance)에 많은 관심을 보여 왔다.

이 말에는 여러 가지 함의가 있겠지만 표면적으로는 일하는 시간과 개인적인 시간이 물리적으로 구분되어야 하며 양적으로도 엇비슷해져야 한다는 것이다. 그리고 이렇게 되면 삶의 질도 높아질 것이라고도 한다.

물론 틀린 말은 아니다. 그러나 일상에서 단순히 물리적으로 시간이 구분되거나 양적으로 시간적인 균형이 이루어지는 것만으로는 삶의 질이 높아지거나 계속 유지되지 않는다는 것을 우리는 이미 잘 알고 있다.

삶의 질을 향상시키고 이를 유지하고자 한다면 시간적인 측면에서 질적인 조화를 이루어 나갈 필요가 있다.

시간적인 측면에서 질적인 조화는 몰입할 수 있는 대상이 존재할 때 이루어진다. 몰입할 수 있는 대상이 생기면 양적으로 시간적 균형을 맞추는 것은 더 이상 큰 의미가 없다. 왜냐하면 몰입하는 대상에게 사용되는 시간은 물리적으로 흐르지 않기 때문이다.

그리고 몰입의 대상은 당신의 일과 삶의 구심점이 되기도 한다. 구심점이 있다는 것은 그 대상을 중심으로 당신이 하고 있는 일이 더 깊이 있고 넓은 영역으로 확장될 수 있으며 목적과 의미는 물론, 재미까지 동반된다는 뜻이기도 하다.

이와 같은 측면에서 우리는 이제 일과 삶의 균형을 넘어 '일과 삶의 조화', 즉 WLH(Work-Life Harmony)를 생각하고 이를 구현해 볼 때가 되었다.

결코 어려운 일은 아니다. 당신의 일과 삶에 있어 질적인 조화를 가져다줄 수 있는 몰입의 대상을 찾는 것부터 시작하면 된다. 당신이 몰입하고 싶은 것 혹은 몰입해야 하는 것은 무엇인가?

나는 어떤 분야의 얼리어답터인가?

얼리어답터(early-adopter)란 신제품을 남보다 빨리 구입해 사용해 보는 사람들을 뜻하는 신조어로서 early와 adopter의 합성어이다. 일반적으로 얼리어답터라고 일컬어지는 이들은 주로 휴대폰, 노트북, 디지털카메라 등 일상의 전자제품이 출시된 직후 또는 출시되기 전부터 이를 구매하여 사용하는 사람들로 알려져 있다.

미국의 사회학자 에버릿 로저스가 1957년 그의 저서 '디퓨전 오브 이노베이션(Diffusion of Innovation)'에서 처음 사용했던 이 용어는 1995년 이 책의 재판이 나올 무렵, 첨단 기기 시대를 맞아 현대의 신조어로 부상했다.

일반적으로는 다른 사람과의 차별화를 추구하거나 개인의 만족 혹은 필요성에 의해 스스로 얼리어답터를 자처하고 그렇게 행동하지만 요즘과 같이 경제적으로 어려움을 겪고 있는 상황에서 시판될 예정 혹은 시판 중인 최신 제품을 시시때때로 구입하여 사용할 수 있는 얼리어답터가 되기는 그리 쉽지만은 않다.

하지만 조금만 생각을 달리하거나 우리가 알고 있는 일반적인 얼리어답터의 통념에서 벗어나면 그리 어려움 없이 얼리어답터의 세계에 발을 들여놓을 수 있는데 그중 한 가지는 책에 대한 얼리어답터가 되어보는 것이다.

서점이나 도서관에 가면 헤아릴 수도 없는 많은 신간 서적들이 즐비하게 진열되어 있다. 그중 한 권을 선택하면 된다. 예전에 한동안 유행했던 개그에서 나오는 말처럼 참 쉽다.

선택한 책을 읽고 내용을 정리해 보는 것도 좋고 책의 내용을 몇 가지 키워드로 표현해 보는 것도 좋다. 특히 평소에 내가 관심을 갖고 있던 분야의 책을 선택하여 읽는다면 그 분야에서 가장 최신의 정보나 지식을 얻게 되는 보너스도 있다.

산업 제품은 일정 기간이 지나면 더 좋은 제품이 출시되어 구식이 되고 사용하지 않게 되지만 책은 다르다. 일정 기간이 지나더라도 언제든지 응용하고 사용할 수 있을 뿐만 아니라 다른 사람들과 공유하고 토론하는 과정에서 창의적인 발상과 발전을 거듭할 수도 있기 때문이다.

그리고 책에 대한 얼리어답터가 되어서 좋은 점 중의 또 하나는 바로 조직에 필요한 인재가 될 수 있다는 것이다. 많은 조직에서 인재를 육성하거나 찾기 위한 노력을 한다. 어떤 조직에서는 해당 분야의 전문성을 갖춘 프로페셔널리스트를, 어떤 조직에서는 다방면의 능력·지식을 갖고 넓은 시야에서 판단할 수 있는 제너럴리스트를 원한다. 최근에는 이 두 가지 유형이 결합되고 통합된 융·복합형 인재를 선호한다고 한다. 융·복합형 인재란 글자 그대로 다방면에 걸친 넓은 지식과 자신만의 깊은 전문성을 자유롭게 응용하고 활용할 수 있는 인재를 의미한다.

이런 융·복합형 인재가 되는 첫걸음은 바로 독서에서 시작된다. 세상의 모든 것을 직접 경험하기란 여러 가지 제한 사항이 많고 어렵기 때문에 책을 통한 간접 경험은 사라지지 않는 소중한 자산이자 힘이 될 수 있다. 독서는 인간을 성장시키는 토대라고도 하는데 어떤가? 이번 기회에 책 읽기의 얼리어답터가 되어 보는 것은?

question 086

나는 언제까지 학습할 것인가?

화장실 변기, 도로, 네트워크 그리고 혈관에서 공통점을 찾는다면 무엇이 있을까?

고민해 보면 여러 가지를 찾을 수도 있겠지만 직관적으로 생각해 볼 때 아마도 막히면 일상에 불편을 주거나 심지어는 치명적일 수 있다는 것이 아닐까 싶다.

일례로 혈관이 막히게 되면 혈액순환에 문제를 일으켜 생명까지 위협을 받을 수 있다. 만일 이와 같은 상황에 처하게 된다면 우리는 관망하거나 방치하지 않고 즉각적인 조치를 하게 된다. 물론 이 정도의 상황까지 오게 되면 이를 치료하기 위해 투입되는 시간과 비용 등을 차치하더라도 개인적인 고통은 이루 말할 수 없을 것이다. 그래서 많은 사람들은 혈관이 막히지 않고 잘 순환될 수 있도록 평상시 관리나 예방에 주의를 기울이고 있다.

혈관과 마찬가지로 개인에게 있어 막히면 문제가 발생하는 것이 있다. 그것은 바로 학습(learning)이다.

학습이 막힌 상태는 개인에게 학습하려는 의지나 학습하는 능력이 상실되어 더 이상 학습하려고 하지 않는 것을 의미한다. 물론 학습이 막힌 상태가 되었다고 해서 육체적 생명에 지장을 받는 것은 아니다. 그렇지만 정신적, 사회적 생명에는 지장을 받을 수 있다.

학습이 막힌 상태로 남는 것은 매우 쉽다. 자신이 알고 있거나 익숙한 예전의 지식, 경험, 기술 등을 앞으로도 계속 사용하기만 하면 된다. 그동안 이와 같은 것들로 인해 성과를 창출했으니 미래의 성과도 어느 정도 기대해 볼 수 있을 것이다. 그러나 과거의 성공을 창출한 요인이 현재나 미래의 성공도 보장한다는 생각은 착각이다. 이미 많은 조직이나 개인의 실패 사례를 통해 알고 있지 않은가?

개인에게 있어 학습이 막히는 이유 중 하나는 학습은 특정한 시기에만 필요하다는 생각이다. 우리의 마음속 한쪽에 자리잡은 학습에 대한 암묵적 합의는 수능만 마치면, 학교만 졸업하면 혹은 취업만 하면 더 이상 학습하지 않아도 된다는 것이다. 정말 그럴까?

실제는 다르다. 학습하지 않거나 학습하는 능력이 없는 구성원들이 조직에서 설 자리는 점차 줄어들고 있다. 반면에 자신의 경험으로부터 배우고 성찰하며 타인의 피드백을 수용하고 새로운 것에 대해 반응하는 구성원들이 환영받고 있다.

21세기에 들어서는 이와 같은 현상을 투영하여 학습 민첩성(learning agility)이라는 개념이 제시되기도 했다. 이는 새로운 도전을 비롯해서 지속적인 성과를 창출하기 위해서는 자신이나 타인의 경험으로부터 배울 수 있는 능력이 있어야 하며 새로운 지식이나 기술을 습득하는 것에 익숙해져야 한다는 것이다.

그렇다면 지금 당신의 학습은 막힘없이 잘 순환되고 있는가? 세상으로부터 배우고 사람들로부터 배우며 낯선 것에 대해 배우고 있는가? 만일 당신의 학습이 막혀있다고 생각된다면 즉각적인 조치를 취해야 한다. 그리고 당신의 학습이 막히지 않도록 평소에 학습하는 패턴을 만들고 익숙해져야 한다. 이와 같은 능력이 바로 당신의 잠재력이며 경쟁력이 되기 때문이다.

나는 어떻게 배워나가는가?

"학교를 졸업한 이후에는 어떤 방식으로 배우고 있습니까?"

면접관의 질문에 면접자는 한동안 말문이 막혔다. 학교를 벗어난 배움에 대해서는 별다른 생각을 해 본 적이 없기 때문이다. 만일 당신이 면접자라면 이 질문에 어떻게 답하겠는가?

이 질문을 달리 표현하면 "현재 상태를 보다 나은 상태로 만들기 위해 어떤 노력을 하고 있습니까?"라고도 할 수 있는데 이는 곧 개인의 성장 및 발전과 관련해서 어떤 테크(tech)를 하고 있는지를 묻는 것이기도 하다.

테크란 테크놀로지(technology)의 줄임말이지만 단순한 기술을 의미하는 것이 아니라 전략을 포함하고 있는 개념이다. 지금도 널리 통용되는 말이지만 한동안 테크 열풍이 분 적이 있다. 시(時)테크, 재(財)테크, 환(換)테크, 핀(fin)테크 등 요즘 사회에는 여러 가지 테크가 많이 있다. 각종 테크를 하는 이유 중 단연 으뜸은 현재 상태를 보다 나은 상태로 만들기 위함이다.

필자는 이와 같은 테크에 하나를 더하고자 하는데 그것은 바로 지(智)테크이다.

지(智)테크란 기존에 개인이 가지고 있는 지식을 이용해서 기대치 이상의 지식을 수집하고 활용할 수 있는 전략적 기술이자 지혜라고 할 수 있다. 이는 단순히 지식을 수집하고 지식의 양만 늘리는 개념이라기보다는 서로의 지식을 공유하고 재구성함으로써 자신에게 필요한 최적화된 지식을 습득하는 것을 의미한다.

지테크가 필요한 이유 중 하나는 하버드대학의 새뮤얼 아브스만이 저술한 '지식의 반감기'에서 언급된 바와 같이 현재 가지고 있는 지식의 유효기간이 생각만큼 길지 않기 때문이다. 또한 환경과 기술, 그리고 구성원이 변화함에 따라 더 이상 과거의 지식만으로는 현재나 미래의 성공을 보장받기 어렵기 때문이기도 하다.

이와 같은 지테크를 효과적으로 하기 위해서는 이른바 공유학습(learning by sharing)이 필요하다. 실제로 지식 공유의 효과와 가능성을 일찌감치 감지한 사람들은 테드(ted), 무크(mooc) 등과 같은 새로운 형태의 학습 모델들을 만들어내기 시작했고 최근에는 많은 사람들이 이를 통해 자신들의 지식과 지혜를 주고받고 있다.

지식과 지식이 공유되고 결합되면 시너지 효과가 발생하는 것은 물론, 새로운 지식이 생겨나기도 한다. 창의력도 그 결과물 중 하나일 것이다.

유형의 자원을 사용하는 재테크 등은 자본이 있어야 하지만 무형의 자원을 사용하는 지테크는 관심을 갖는 것만으로도 시작할 수 있다. 더군다나 우리에게는 이미 지테크를 할 수 있는 여러 가지 기술과 시스템, 그리고 인적 네트워크 등이 갖춰져 있다.

그동안 양질의 결과물(out-put)에 대한 갈증을 느낀 적이 있다면 양질의 투입물(in-put)은 무엇이었는지 고민해 보고 어떤 방식으로 접근했는지도 살펴봐야 한다. 독서나 학교에 다니는 것만으로는 부족하다. 이미 모두에게 열려있는 다양한 경로를 통해 지테크를 시도해 볼 필요가 있다. 마지막으로 한마디를 더 하자면 각종 테크와 마찬가지로 지테크 역시 빠르면 빠를수록 좋다.

question _____088

나는 실패를 어떻게 대하고 있는가?

작업 중이던 컴퓨터가 갑자기 멈췄다. 몇 분을 참고 기다려본들 여전히 화면에 변화는 없다. "아, 이런, 저장도 안 했는데…." 이런 상황에 마주칠 때 머릿속에 가장 먼저 떠오르는 생각이다.

더 이상 기다려도 소용이 없다는 것을 스스로 수용하고 나면 전원 버튼으로 손가락이 움직인다. 혹 다시 작동하지 않을까 하는 일말의 희망을 갖고 잠시 머뭇거리기도 하지만 다시 시작하기 위해서 이내 전원 버튼을 꾹 누른다. 물론 그동안 작업했던 내용이 사라진다는 것은 감수해야 한다.

이 순간에 처하면 그동안 공들인 시간과 노력이 아깝고 화가 나기도 한다. 컴퓨터 제조사나 소프트웨어에 대한 원망도 생기고 중간중간 저장하지 않은 나 자신에 대한 자책도 빠질 수 없다.

컴퓨터가 새로 부팅되고 난 후의 작업에는 그동안 하지 않았던 과정이 하나 추가된다. 바로 중간 저장이다. 그리고 만일 이러한 현상이 일시적으로 나타난 것이 아니라 반복되는 경우라면 과감히 컴퓨터를 교체한다.

이와 같은 상황은 비단 컴퓨터로 작업할 때만 마주하는 것은 아니다. 일상에서 우리는 정도의 차이일 뿐 다시 시작해야 하는 경우가 많다. 보통은 어떤 일에 실패했을 경우가 다시 시작하는 순간이다.

진학에 실패하는 경우, 취업에 실패하는 경우, 사업에 실패하는 경우 혹은 사랑에 실패하는 경우 등 다시 시작하는 경우에는 과거의 실패를 결코 무시해서는 안 된다. 그동안 간과했던 여러 가지 프로세스를 확인하고 점검해 볼 필요가 있다. 더군다나 실패의 원인을 분석하고 이를 대비하기 위한 방책도 마련해야 한다.

실패를 통한 성공의 경험을 가지고 있는 사람들은 이와 같은 과정이 자연스럽게 이루어지는 것을 발견할 수 있는데 실패가 성공의 어머니라고 일컬어지는 이유는 바로 이와 같은 일련의 과정을 거치기 때문이기도 하다. 거꾸로 말하면 실패와 마주한 경우, 사실을 인정하지 않거나 스스로 성찰하지 않고 개선과 변화의 포인트를 이끌어내지 못한다면 실패는 더 이상 성장과 성공의 밑거름이 될 수 없다는 것이기도 하다.

이런 점에서 볼 때 올해는 당신의 성장과 성공을 위해 이른바 실패 노트 한 권쯤을 마련해보면 어떨까 하는 생각을 해 본다.

그리고 이 노트에는 자신이 경험한 크고 작은 실패 사례에서 얻은 교훈뿐만 아니라 그 일을 함에 있어 간과했던 점과 예상하지 못했던 점, 개선해야 할 점 등도 담겨 있었으면 한다. 물론 이 노트에는 비단 자신의 사례만 담길 필요는 없다. 자신의 주변에서, 사회에서 발견된 사례 역시 담겨질 수도 있다.

리더십 전문가로 알려진 존 맥스웰(John C. Maxwell)은 자신의 저서에서 슬기로운 사람은 자신의 실패에서 배우고 더 슬기로운 사람은 다른 사람의 실패로부터 배운다고 했다.

배움의 과정과 방법은 많다. 실패도 그중 하나일 수 있다. 실패와 마주했을 때 원망과 자책을 하기보다는 실패로 인한 배움을 찾고 성공스토리의 소재를 하나 더 얻었다고 생각해 보면 어떨까?

question 089

나의 역량을 어떻게 개발하고 있는가?

"혹시 미식축구를 잘하십니까?" 이 질문은 필자가 강의 시 꼭 던져보는 질문 중 하나이다. 물론 지금까지 필자의 질문을 받고 잘한다고 대답한 청중을 본 적은 없다.

우리가 미식축구를 잘하지 못하는 이유는 미식축구가 우리에게는 다소 생소하고 일상에서 많이 접하는 운동이 아니기 때문이다.

그러나 조금만 더 생각해 보면 미식축구를 잘하지 못하는 본질적인 이유가 있다는 것을 알 수 있다. 그 첫 번째 이유는 규칙(rule)을 잘 모르기 때문이다. 규칙은 머리로 익혀야 하는 부분으로 지식(knowledge)의 영역에 속한다. 용어를 아는 것, 개념을 아는 것 등이 포함될 수 있는데 이는 스스로 알고자 하는 의지가 없다면 알 수 없는 부분이기도 하다.

두 번째 이유는 해 본 적이 없기 때문이다. 해 본다는 것은 몸으로 익힌다는 것인데 이는 기술(skill)의 영역에 해당된다. 잘 알고 있는 바와 같이 어떤 행위가 몸에 익어 자연스럽게 움직이려면 부단

한 연습이 필요하다.

우리가 미식축구를 잘하지 못하는 세 번째 이유이자 앞서 설명한 지식 습득과 기술 연마에 영향을 주는 이유는 바로 할 마음이 없기 때문이다. 마음은 태도(attitude)를 통해 어느 정도 가늠해 볼 수 있다. 당연한 말이지만 할 마음이 없는데 무엇인가를 알고자 하는 의지나 몸에 익히려는 연습을 기대하기 어렵다. 반대로 할 마음이 있다면 가장 먼저 태도가 바뀔 것이다. 태도가 바뀌면 지식과 기술도 바뀌게 된다.

요약하면 우리가 미식축구를 잘하지 못하는 이유는 미식축구에 대한 지식(knowledge), 기술(skill), 태도(attitude)가 없기 때문인데 이를 총칭하는 용어가 바로 역량(competence)이다.

다시 말해 무엇인가를 잘하지 못하는 이유는 역량이 부족하기 때문이며 잘하기 위해서는 해당 분야 또는 역할 수행에 필요한 역량을 개발하고 보유해야 한다.

이는 비단 미식축구에만 국한되지 않는다. 만일 당신이 잘하고자 하는 분야 또는 역할이 있다면 이를 위해 어떤 지식이 필요하고 어떤 기술이 요구되며 어떤 태도를 보여야 하는지에 대해 고민해야 한다.

다행히 역량은 개발될 수 있는 것으로 알려져 있다. 역량을 개발하는 방법 중 하나는 바로 사람에 대한 벤치마킹이다. 해당 분야에서 두각을 나타내는 사람을 찾아보고 그 사람이 갖고 있는 지식은 무엇인지 어떤 기술을 보유하고 있는지는 물론, 어떤 자세나 태도로 그 일이나 역할을 수행하고 있는지를 면밀하게 관찰해 보는 것이다. 이 과정에서 자신에게 필요한 역량이 무엇인지를 도출하고 이를 개발할 수 있는 계획을 세우고 실행해 보는 것이다.

또 하나의 방법은 자신만의 역량을 만드는 것이다. 앞서 제시한 벤치마킹이 자신에게 부족한 역량을 보충하기 위한 것이라면 이 방법은 새로운 역량을 창출하는 것으로 이를 위해서는 자신의 강점을 기반으로 잘하고 있는 것을 훨씬 더 잘하게 만들어 보는 것이다.

역량은 단순히 자신의 일이나 역할 수행을 잘하기 위해 필요한 것만은 아니다. 오히려 자신의 일이나 역할 수행에 즐거움을 느끼기 위해 필요하다.

잠시 시간을 내어 자신이 즐거움을 느끼는 일이나 역할을 떠올려 보자. 그 즐거움은 분명히 그 일이나 역할 수행에 요구되는 역량을 보유하고 있기 때문임을 확인할 수 있다.

question　　　　　　　　　　　　090

나는 어떤 종류의 힘을 사용하는가?

책장을 정리하면서 많은 책들을 바닥에 내려놓고 다시 들어올리기를 여러 번 하고 나니 예전에는 잘 느끼지 못했던 팔과 다리에 무리가 온 듯했다. 20대 시절에 가지고 있었던 근력(muscle power)이 일정 부분 약화되었기 때문일 것이다. 아마 나이가 더 들어감에 따라 근력으로 해결할 수 있는 일은 점점 더 줄어들 것이 자명하다.

이와 같은 현상은 비단 개인의 일상에만 국한되지 않는다. 사회적, 시대적 변화에 따라 개인에게 요구되는 힘(power)은 달라졌다.

산업혁명이 일어나기 전에는 근력이 얼마나 있느냐에 따라 생산성 또는 성과의 차이가 발생했다. 개인이 가지고 있는 근력에 따라 보다 많은 양의 물건을 들거나 옮길 수 있었기 때문이다. 그러나 산업혁명 이후 각종 기계 및 장비의 발달은 생산성이나 성과를 더 이상 개인의 근력에 의존하지 않게 만들었다.

근력을 대신하게 된 것은 지력(brain power)이다. 창의, 혁신, 전문성 등의 용어가 그 어느 때보다 빈번하게 입에 오르내리게 되었고 많은 사람들은 각종 지력을 강화하기 위해 다양한 분야에 대한 학습을 강화해 나갔다.

이와 같은 지력은 정보기술사회가 도래하면서 연결력(network power)과 맞물리게 되었다. 지식 간의 연결이라고 할 수 있는 융복합을 넘어 사람 간의 네트워킹 또한 중요한 힘으로 인식하기 시작된 것이다. 21세기가 되면서 확장되기 시작한 각종 인적 네트워크는 연결력이 부각되고 있는 지금의 모습을 확인하기에 충분하다.

성과 창출을 위해 요구되었던 근력과 지력 그리고 연결력은 이제 전환력(conversion power)으로 넘어왔다.

필자가 생각하는 전환력은 자신이 처한 상황 및 역할에 따라 생각과 행동을 자연스럽게 바꿀 수 있는 능력이다. 이는 지금의 자신을 만들어 주었지만 더 이상 효과를 기대하기 어려운 개념이나 기술을 내려놓아야 하는 것까지 포함한다.

아울러 전환력은 독립적인 힘이 아니기 때문에 이를 보유하기 위해서는 새로운 개념을 받아들이고 신기술을 빠르게 습득할 수 있는 지력과 함께 다양한 분야에 관심을 갖고 이를 자신의 분야와 접목시킬 수 있는 연결력을 갖추는 것이 선행될 필요가 있다.

실제로 우리에게 잘 알려진 많은 개인 혹은 조직들의 사례를 면면히 살펴보면 이러한 전환력을 얼마나 보유하고 있고 그 힘을 어느 정도 발휘할 수 있는지가 성공 및 실패에 큰 영향을 미쳤다는 것을 알 수 있다.

당신의 경우는 어떠한가? 혹 소위 말하는 개인기나 스타일이 더 이상 유효하지 않음에도 불구하고 이를 끝까지 고집하고 있지는 않은가? 혹은 구성원이나 트렌드 등 여러 가지 상황이 바뀌었음에도 기존의 방식이나 결과물을 고수하고 있지는 않은가?

만일 이와 같은 질문에 명쾌한 답을 내릴 수 없다면 당신은 지금부터 전환력이라는 힘을 보유하기 위한 노력을 해야 한다.

question 091

나의 일을 어떻게 편집하고 있는가?

Opportunity is nowhere.

Opportunity is now here.

위의 두 문장에 사용된 알파벳은 표면적으로 단 한 글자의 차이도 없지만 'w'의 위치를 중심으로 어떻게 띄어쓰기를 하느냐에 따라 전혀 다른 의미로 다가온다. 단순한 비교지만 주어진 자료를 어떻게 가공했느냐에 따라 의미나 결과가 달라질 수 있다는 것을 보여주기에는 무리가 없다.

이처럼 주어지거나 수집한 자료를 모아 나름대로의 방향성 또는 목적에 맞게 가공하여 결과물을 만들어내는 것을 편집(編輯)이라고 한다. 그리고 우리가 일상에서 접하는 대부분의 콘텐츠는 소위 편집자의 의도에 따라 편집된 결과물이라고 해도 과언이 아니다.

과거에는 이러한 편집이 특정한 분야나 업무영역에 속해 있는 이들에 의해서만 이루어지는 경우가 많았다. 하지만 오늘날에는 원한다면 누구나 편집의 주체가 될 수 있다.

실제로 정보통신기술과 연계되어 각종 데이터가 관리되고 있고 인터넷은 시공간적 제약을 벗어나 다양한 자료를 수집할 수 있게 해 주었으며 수집된 자료들을 비교적 쉽고 간편하게 편집할 수 있는 다양한 소프트웨어가 확산되었기 때문이다.

이와 함께 개인들은 영상, 사진, 그림, 글자 등 다양한 형태로 편집한 결과물들을 온/오프라인에 마련된 수많은 공간에서 공유하기도 하는데 재미는 물론, 의미와 감동을 주는 경우도 많다.

필자는 이들을 이른바 호모 에디토렌스(Homo Editorens)로 명명해 보면서 이제는 호모 에디토렌스의 시대가 도래했다고 생각한다.

'편집(編輯)하는 인간' 정도로 해석해 볼 수 있는 호모 에디토렌스는 1938년 요한 호이징하(Johan Huizinga)가 역설한 호모 루덴스(Homo Ludens), 즉 놀이하는 인간의 오늘날 모습을 단적으로 보여주는 것이라고 생각해 볼 수도 있다.

당신이 호모 에디토렌스가 된다면 간과해서는 안 될 것들이 있다. 먼저 올바른 목적을 가지고 편집을 해야 한다. 올바른 목적의 편집이란 이것저것 끌어다 모아 놓은 편집, 의미가 변질되거나 왜곡된 편집이 아니라 의미를 재부여할 수 있는 편집, 지식의 재구성을 통해 창의적 사고와 성찰의 계기를 만들어 줄 수 있는 편집이라고 할 수 있다.

다음으로는 자기주도성과 정체성을 나타낼 수 있는 편집을 해야 한다. 달리 표현하면 자신의 관심 분야를 중심으로 접근하라는 것이다. 이때 해당 분야의 지식을 습득하거나 현안 이슈를 해결하기 위한 편집을 넘어 타 분야의 지식과 혼합하고 생각해 볼만한 이슈를 만들어 낼 수 있는 편집을 해 볼 필요가 있다.

마지막으로 한입에 먹기 좋게 편집해야 한다. 한입에 먹기 좋은 편집이란 외형적으로는 제공되는 결과물의 분량이나 시간을 줄이는 것이고 내용적으로는 핵심어나 핵심 메시지 중심이어야 한다고 볼 수 있다. 당연한 말이지만 한 번에 많은 양의 정보나 지식을 소화하는 것은 쉽지 않으며 분리되어 있어야 다양한 조합과 해석이 용이하기 때문이다.

이와 같은 방식을 통해 스스로 호모 에디토렌스가 되어 가는 과정은 창의와 통찰의 과정이며 성숙의 과정이기도 하다.

혹 아직은 호모 에디토렌스가 될 준비가 안 되었다고 생각한다면 쉬운 것부터 시작하자. 당신의 관심 분야를 정하고 관련된 정보와 자료들을 찾아보는 것이다. 그 순간부터 당신은 호모 에디토렌스로서 첫발을 내디딘 것이나 다름없다.

question 092

나의 일을 예술로 만들기 위해
무엇을 하는가?

지금은 이런 표현을 거의 하지 않지만 과거에는 프랑스 축구를 아트 사커(art soccer)로 일컬은 적이 있었다. 1998년 월드컵에서 우승을 차지한 프랑스는 남미의 개인기에 유럽의 힘과 조직력이 조화를 이룬 축구를 선보였는데 프랑스의 경기는 글자 그대로 예술(art)이었다.

보편적으로 예술은 아름다움을 표현하는 인간의 활동이라는 의미를 지니고 있다.

그래서 축구 등 스포츠뿐만 아니라 미술, 음악, 사진, 무용 등의 분야에서 더 빈번하게 사용되며 일상에서 마주하는 여러 가지 상황 속에서도 멋지고 아름다운 모습을 보면 '와! 예술이다.'라는 말이 자연스럽게 나오는 것이다.

그런데 예술을 이야기할 때 함께 생각해 보아야 하는 단어가 있다. 그것은 바로 과학(science)이다. 잘 알고 있는 바와 같이 과학은 검증된 방법으로 얻어 낸 지식으로 그 방법을 따른다면 누구나 같은 결과를 얻을 수 있다.

그렇다면 예술과 과학은 왜 같이 생각해 보아야 할까? 그 이유는 무엇이 되었든지 간에 해당 분야에서 예술의 영역으로 나아가기 위해서는 과학의 영역에서부터 시작해야 하기 때문이다.

과학의 영역에서 시작한다는 것은 기본기부터 탄탄하게 만든다는 것을 의미한다.

기본기가 없다면 예술로 나아가기 어려우며 반대로 기본기가 튼튼하면 어느새 예술로 승화된다. 물론 이와 같이 되기 위해서는 오랜 시간 동안 연습하는 것이 필수적이다.

이는 우리가 잘 알고 있는 이들을 떠올려보면 쉽게 수긍할 수 있는데 대표적으로는 입체파 화가로 알려진 피카소(Pablo Picasso)를 들 수 있다. 피카소는 젊은 시절, 선 긋기, 색칠하기, 명암 넣기 등 미술가로서의 기본기를 갖추는 데 시간과 노력을 아끼지 않은 것으로 알려져 있다.

비단 피카소만이 아니다. 자신의 분야에서 예술의 경지에 이른 이들은 하나같이 연습이 재능을 뛰어넘었고 연습의 시간은 헤아릴 수 없을 정도다.

과학에서 시작하여 예술로 마무리되는 것은 몇몇 특정한 사람들만이 할 수 있는 일은 아니다. 일상에서 우리들도 충분히 구현할 수 있다. 그리고 현실적으로 해 볼 수 있는 것을 꼽으라고 한다면 아마도 자신이 하고 있는 일이 아닐까 싶다.

  이를 위해 먼저 자신이 하는 일이 예술이라고 생각해 보자. 어떤 느낌이 드는가? 말 하나 행동 하나 소홀히 하거나 대충 하기 어려울 것이다.

  이런 마음으로 자신이 하는 일을 예술로 만들기 위한 방법을 찾아보자. 의외로 방법은 쉽게 찾을 수 있다. 자신의 일을 하는 데 필요한 기본적인 지식과 기술 등이 무엇인지를 찾아보면 된다.

  중요한 것은 그 다음이다. 기본기에 대한 반복적인 연습의 시간이 필요하다. 인내와 끈기 역시 빠질 수 없다. 시간을 정하기는 어렵지만 이렇게 하는 과정 속에서 당신의 일은 이미 예술이 되어 있을 것이다.

question 093

나는 어떤 질문을 주고받는가?

오늘 당신이 주고받은 질문들을 떠올려 보자. 자기 자신에게 던졌던 질문도 포함된다.

사람마다 다소 차이는 있겠지만 어떤 질문을 받고 어떤 질문을 하느냐를 보면 서로의 수준을 짐작해 볼 수 있다. 이 말은 어떤 사람의 수준은 그 사람이 하는 질문의 수준에서 벗어날 수 없다는 것을 의미하기도 한다.

질문의 수준은 질문자가 현재 머물고 있거나 추구하는 욕구를 통해서 드러나는 경우가 많다. 미국의 심리학자이자 철학자인 매슬로우(Abraham H. Maslow)에 의하면 인간은 기본적인 욕구라고 할 수 있는 생리적 욕구로부터 안전의 욕구, 소속감과 애정의 욕구, 존경의 욕구 그리고 가장 고차원적이라고 할 수 있는 자아실현의 욕구를 가지고 있다고 했다.

이러한 잣대로 스스로 또는 상대방과 주고받은 질문을 들여다보면 현재 자신이 어떤 수준에 있는지를 알 수 있음은 물론, 앞으로 어떤 질문을 생각하고 주고받아야 하는지를 가늠해 볼 수 있다.

먼저 질문자가 인간의 기본적인 욕구 단계에 머물고 있거나 이를 추구하는 경우라면 "오늘 점심은 뭐 먹을까?" 등과 같은 유형의 질문을 자주 하게 될 것이다. 이와 같은 질문은 상대방이 어렵지 않게 답하거나 그때그때 생각나는 대로 답해도 되는 낮은 수준에 속하는 질문이라고 볼 수 있다. 물론 질문의 수준이 낮다고 해서 불필요하거나 중요하지 않은 질문이라고 볼 수는 없지만 일상에서 오가는 질문이 낮은 수준에 국한되거나 여기에서 벗어나지 못하고 있다면 또 다른 수준의 질문을 생각해 볼 필요가 있다.

한편 기본적인 욕구를 넘어선 단계에 위치한 질문은 상대적으로 쉽게 답변하기 어렵다. 이 단계에서 이루어지는 질문의 예를 들어보면 "함께 해 볼까?", "나 어때?" 등과 같은 유형이다. 이 수준에서 오가는 질문이 전에 비해 상대적으로 수준이 높다고 여겨지는 이유는 상대방이 처한 상황이나 전반적인 맥락을 이해해야 답변이 가능하기 때문이다. 또한 질문에 대한 대답이 상대방에게 긍정적 혹은 부정적인 영향을 미칠 수도 있기 때문이기도 하다.

끝으로 고차원적 욕구의 단계에 위치하거나 이를 추구하는 질문은 이전의 수준과는 격이 다르다. "나는 어떤 삶을 살아가고 있는가?", "내가 하고 있는 일은 타인에게 어떤 영향을 미치는가?" 등과 같이 성찰에 가까운 질문이 주를 이룬다. 이와 같은 질문이 수준 높다고 말하는 이유는 스스로 많은 생각과 고민을 한 이후에라야 답변할 수 있는 질문이며 소위 내공이 쌓여야만 답할 수 있는 질문이기 때문이다.

영국의 철학자인 비트겐슈타인(Ludwig Josef Johann Wittgenstein)은 '언어의 한계가 자신의 한계'라고 표현한 바 있는데 이 말에 편승해 보자면 '내가 하는 질문의 한계가 곧 내 생각의 한계'라고 할 수 있다. 이는 내가 할 수 있는 생각이나 행동은 내가 하는 질문의 수준이나 범위를 벗어날 수 없기 때문이다.

평소 주변의 지인들과 주고받는 질문들을 떠올려보자. 주로 어떤 질문들을 받고 어떤 질문들을 던지는가? 스스로 혹은 상대방의 생각이나 행동이 당신이 기대하는 수준에 미치지 못한다고 느낀다면 스스로에게 하는 질문, 상대방에게 던지는 질문부터 바꿔야 한다.

question 094

나는 슬럼프에 대해 어떻게 생각하는가?

'무엇인가 이상하다', '예전과 다르다', '요즘 들어 문제가 있는 것 같다', '힘든 것 같다', '잘 못하는 것 같다' 등과 같은 말을 당신 스스로 내뱉거나 주변인들로부터 듣고 있다면 당신은 어쩌면 슬럼프(slump)에 빠졌을 수도 있다.

슬럼프란 자신의 실력이 일시적으로 정체되거나 갑자기 성적이나 성과가 부진해지는 현상을 일컫는데 보통은 자신이 하고 있는 일(job)에서 발생하는 경우가 많다. 일적인 측면에서 발생하는 슬럼프는 주로 피로 누적, 심리적 압박, 집중력 부족, 변화에 대한 부적응, 인간관계에서의 갈등 등에서 비롯되는 것으로 알려져 있다.

한편 슬럼프는 자신이 하고 있는 역할(role)에서도 발생한다. 이는 자신이 추구하는 가치관과 상이한 행동을 하거나 상충되는 행동을 해야 하는 경우에 처했을 때 등이 해당되는데 심리학에서는 인지부조화라는 용어를 사용하기도 한다.

어떤 경우이든지 간에 슬럼프에 빠지게 되면 무기력해지면서 자신이 처한 현실을 부정하는 반응을 보인다. 또한 하루라도 빨리 극복하기를 바라는 조급한 마음과 함께 자책이나 걱정, 외부에서 원인을 찾으려는 모습 역시 빠지지 않는 반응이다. 이와 같은 반응이 멈추지 않고 계속되는 경우에는 좌절하거나 스스로 포기하는 모습을 보이게 된다.

이런 측면에서 보면 슬럼프는 아무짝에도 쓸모없어 보인다. 그리고 슬럼프는 앞으로 잘 나아가고 있는 자신의 발목을 잡는 방해꾼처럼 보이기도 한다. 그러나 대개의 경우 슬럼프가 일시적인 현상이라는 점을 감안한 가운데 조금 다른 관점에서 살펴보면 긍정적인 신호로 보이기도 한다.

슬럼프를 개인에게 있어 긍정적인 신호라고 볼 수 있는 이유 중 하나는 아무나 슬럼프에 빠질 수 있는 것은 아니라는 점이다. 슬럼프를 경험할 수 있는 사람은 자신의 일과 역할에 의미를 부여하고 자신의 분야에서 치열하게 노력하고 도전해 온 사람에 국한된다. 그래서 슬럼프에 빠진 것 같다는 생각이 들면 실의에 빠질 것이 아니라 오히려 그동안 스스로 기울였던 노력과 투자한 시간에 대해 되돌아보고 자신이 슬럼프에 빠질 정도의 수준에 다다랐다는 점에 기뻐해 봄직하다.

슬럼프가 긍정적인 신호라고 볼 수 있는 또 다른 이유는 슬럼프를 극복하면 실력이 성장하고 성과가 향상된다는 점이다. 슬럼프에 빠지게 되면 평소보다 더 많은 고민과 시도를 해 보게 되는 것이 일반적이다. 소위 말해 이렇게도 해 보고 저렇게도 해 보는 것이다. 이 과정에서 시행착오도 겪고 남다른 노하우도 쌓게 된다. 결국 슬럼프 기간에 노력한 것은 무의미한 것이 아니라 당신의 성장과 발전에 필요한 에너지가 된다는 점을 상기할 필요가 있다.

 이 밖에도 슬럼프는 개인에게 멈춤과 쉬어가야 한다는 신호를 보내준다는 면에서 긍정적으로 바라볼 필요가 있다. 이는 개인이 하고 있는 일과 역할을 수행함에 있어 번아웃(Burnout)을 막아줄뿐더러 주변을 살펴보고 자신을 돌아보게끔 하는 역할을 한다.

 이처럼 슬럼프에 대한 생각을 달리하면 슬럼프에 빠져 보고 싶은 생각도 든다. 슬럼프가 곧 개인의 성장을 위한 구름판이 되기 때문이다. 그리고 슬럼프 한 번 없는 삶은 무미건조할 듯하다.

question 095

나는 왜 로그아웃을 해야 하는가?

각종 휴대용 디지털 기기를 사용하다 보면 사용 중인 기기의 모니터 밝기가 조금 어두워지면서 다음과 같은 메시지가 화면에 나타나는 경우를 종종 접하게 된다.

'배터리가 부족합니다.', '충전하지 않으면 작업 중인 정보를 잃을 수도 있습니다.', '사용하지 않는 애플리케이션을 종료하세요.' 이는 현재 사용 중인 기기의 배터리가 방전(discharge)될 수 있으니 가능한 한 빨리 충전 등의 조치가 필요하다는 일종의 경고 메시지다.

화면에서 이와 같은 메시지를 확인하면 대부분 그 즉시 보조배터리를 연결하거나 충전기를 찾아 충전을 시작하는 것이 일반적이다. 만일 충전할 수 있는 상황이 여의치 않다면 전원을 끄는 편을 택한다. 즉 이러한 경고를 확인하고도 사용 중인 기기가 방전되어 멈춰 지게 방치하는 일은 좀처럼 일어나지 않는다.

그런데 본인이 사용하는 디지털 기기와는 달리 자신의 심적인 배터리에 대해서는 상대적으로 무심한 경우가 많다. 곧 방전될 것 같은 상황에 처했음에도 불구하고 애써 무시하며 소위 참을 수 있을 때까지 견뎌보는 것이다. 그 결과는 대개 번아웃(burn-out)으로 나타난다.

'소진'이라고 번역되기도 하는 번아웃은 차차 줄어들어 없어지거나 다 써서 없어진다는 것이라는 의미에서 알 수 있듯이 과도한 일이나 학업 또는 대인관계 등에 지쳐서 하고자 하는 의욕이나 동기도 잃어버린 극단적인 스트레스 상태를 의미한다. 이런 상태에 빠지게 되면 무기력해지거나 불만이 커지기도 하고 심한 경우에는 자기혐오나 비관에 이르기까지 한다.

이러한 번아웃은 일반적인 스트레스 해소법으로는 해결되지 않는 것으로 알려져 있다. 이는 번아웃에 빠지면 벗어나기가 쉽지 않다는 것을 방증하는 것이기도 하다.

그렇다면 일상에서 번아웃에 빠지지 않으려면 어떻게 해야 할까? 쉽게 접근하면 번아웃되기 전에 로그아웃(log-out)을 선택하는 것이 하나의 방법이 될 수 있다.

일반적으로 로그아웃은 사용자가 접속해 있는 컴퓨터나 통신망에서 벗어나는 것을 뜻한다. 즉 지금 하고 있는 것을 스스로의 통제하에 멈추는 것이다. 로그아웃은 방전되어 멈춰지는 것과는 차원이 다르다. 진행 중인 내용에 대한 손상이나 오류를 방지할 수 있고 에너지도 효율적으로 사용된다.

디지털 기기에서가 아니라 심적으로 로그아웃을 선택할 수 있으려면 먼저 자신의 삶에 대한 주도성을 가져야 한다. 주도성은 누군가로부터 받는 것이 아니다. 자신의 삶에 대한 목적과 방향은 자신이 정하는 것이기 때문이다.

자신의 삶에서 주도성을 확보했다면 그다음으로 살펴보아야 하는 것은 우선순위를 정하는 것이다. 자신이 하고 있는 일이나 학업 또는 대인관계 등 모든 것을 하기에 충분한 에너지를 균등하게 투입하겠다는 것은 말처럼 쉽지 않다. 스스로 생각하기에 보다 의미 있고 가치 있는 것을 중심으로 경중 완급을 조절해야 한다.

삶의 주도성을 확보하고 우선순위가 정해졌다면 남은 것은 결단이다. 결단이 없으면 심적인 시스템에서 로그아웃을 할 수 없다. 우리가 심적으로 로그아웃을 결단하지 못하는 이유는 로그아웃을 해 보겠다는 용기가 부족해서라기보다는 삶에 대한 주도성과 우선순위가 명확하지 않기 때문이다.

번아웃과 로그아웃, 두 가지 모두 표면적으로는 멈춤의 상태지만 언제든지 스스로 다시 시작할 수 있는 상태는 로그아웃이다. 그동안 자의 반 타의 반으로 숨 가쁘게 달려온 삶이라면 부지불식간에 번아웃되기 전에 스스로 로그아웃을 생각해 봄직하다.

question 096

나는 사소한 것을 어떻게 대하는가?

운전 중 계기판에 경고등이 표시됐다. 계속 가야 했지만 갈 수 없는 상황에 처한 것이다. 차를 멈추고 살펴보니 2cm 남짓한 작은 나사못 하나가 타이어에 박혀 있었다. 이로 인해 타이어 속 공기가 조금씩 새어 나갔고 결과적으로 작은 나사못 하나로 인해 주행을 멈춰야 했던 것이다. 만약 출발하기 전에 주변을 한번 둘러보기만 했더라면 겪지 않아도 될 일이었다.

이처럼 우리는 일상에서 작다고 생각하는 것 혹은 사소하게 여겨지는 것들을 눈여겨볼 필요가 있다. 왜냐하면 작고 사소한 것들을 무시함으로 인해 난처한 상황에 직면하게 되거나 더 큰 문제가 야기되는 경우를 종종 접하기 때문이다.

이와 같은 내용은 일찍이 미국 보험회사의 직원이었던 하인리히(H. W. Heinrich)에 의해 1:29:300의 법칙으로 제시된 바 있다. 하인리히 법칙(Heinrich's law)이라고도 한다. 그는 대략 5,000여 건의 산업재해를 관찰하고 분석한 결과를 토대로 대형사고 1건은 우연히 발생한 것이 아니라는 점을 알아냈다. 그에 의하면 평균적으로 1건의 대형사고가 발생하기 전에 그 사고의 원인과 비슷한 29건의 경미한 사고가 있었다고 한다. 그리고 그 사고들은 그야말로 사소하다고 생각되는 300건의 아주 작은 사고나 실수에서 비롯되었다는 것이다.

즉 사소한 일들이 모여 큰 문제를 야기한다는 것인데 이는 주변에서 벌어지는 작고 사소한 것에 대한 관심을 갖고 즉각적인 행동을 취해야 하는 이유를 설명하기에 손색이 없다.

일상에서 우리가 간과하거나 무시하고 있는 작고 사소한 일들은 상상 이상으로 많은 편이다. 일례로 한적한 도로에서 교통신호를 은근슬쩍 무시하고 지나치거나 '이 정도는 괜찮겠지' 혹은 '전에도 문제 없었는데' 등과 같은 안일한 생각으로 일을 하는 경우도 해당된다. 이는 대부분 사고 발생의 원인으로 작용되며 단지 발생 시점의 차이만 있을 뿐이다.

반면 하인리히 법칙은 사고에만 적용되지 않는다. 성취와 성공에도 그대로 적용된다. 자신에게 부여된 일이 아무리 사소하다고 생각할지라도 정성과 최선을 다한다면 그 일로 인해 또 다른 기회와 새로운 자리가 마련되는 경우가 많다. 이는 모든 분야와 직종에서 나타난다. 이런 일을 두고 혹자는 '인생역전'이라고 표현하기도 하고 '그 사람 운(運)이 좋았다' 등과 같이 말하기도 한다. 큰 의미를 부여하지 않거나 부러워하는 정도로 넘기는 것이다.

  하지만 실상을 살펴보면 그렇지만은 않다. 그 사람은 다른 이들이 작고 사소하다고 생각한 일 하나하나를 놓치지 않고 정성껏 했던 것이다. 중용 23장에 나오는 내용이 이를 뒷받침한다. '작은 일도 무시하지 않고 최선을 다해야 한다. 작은 일에도 최선을 다하면 정성스럽게 된다. 정성스럽게 되면 겉에 배어 나오고 겉으로 드러나면 이내 밝아지고 밝아지면 남을 감동시키고 남을 감동시키면 이내 변하게 되고….' 우리에게는 영화 '역린'을 통해 잘 알려진 내용이기도 하다.

  자신이 성취하고 싶은 것이 있다면 그리고 성공하고 싶다면 그동안 사소하다고 생각해서 방치했거나 대충 했던 일은 없는지 살펴보자. 그다음에는 그 일들을 예전과 달리 정성껏 해 보자. 당신을 다시 보게 되는 것은 물론, 당신 역시 남다른 결과를 얻을 수 있다.

question 097

나는 어떻게 어색함을 찾아가는가?

양손을 깍지 껴 보자. 그리고 어느 손의 엄지손가락이 맨 위에 있는지 확인해 보자. 엄지손가락을 들어 보면 된다. 개인마다 올라가는 엄지손가락은 다르다. 왼손 엄지손가락이 올라가기도 하고 오른손 엄지손가락이 올라가기도 한다.

이제는 깍지를 낀 상태에서 반대로 깍지 껴 보자. 조금 전 왼손의 엄지손가락이 올라갔다면 이번에는 오른손 엄지손가락이 올라가게 해 보는 것이다. 일종의 변화를 준 것인데 독자의 대부분은 어색함을 느낄 것이다.

이제 깍지를 풀고 다시 한번 깍지를 껴 보자. 어느 손의 엄지손가락이 올라가는가? 아마 처음 깍지를 꼈을 때 올라간 엄지손가락이 올라갈 것이다.

왜 그럴까? 여러 가지 이유 중 하나는 '익숙함' 때문이다. 양손의 깍지를 끼는 것조차 그동안 자신에게 익숙했던 방법을 자연스럽게 따르게 되는 것이다.

비단 깍지를 바꿔 끼는 것뿐만 아니다. 대개의 경우 자신에게 익숙한 것에서 잠시라도 벗어나면 불편하거나 어색함을 느끼게 된다. 그만큼 변화는 불편하고 어색한 것이 사실이다.

그런데 우리는 일상에서 일하는 방식, 사람들과의 관계는 물론, 삶 전체에 이르기까지 자의에 의해서건 타의에 의해서건 변화에 대한 필요와 요구를 수없이 접하게 된다. 이를 다르게 표현해 보면 '새로움'에 대한 필요와 요구라고 할 수도 있다.

그래서 무엇인가 새로운 것을 시도해 보고자 하는데 좀처럼 쉽지 않다. 왜냐하면 무엇을 하든지 간에 누구에게나 자신에게 익숙한 방식, 즉 일종의 물꼴이 만들어져 있기 때문이다. 심리학에서는 스키마(schema)라는 표현을 쓰기도 한다. 이런 스키마는 어떤 일을 효율적으로 수월하게 하는 것에는 도움이 되지만 새로움을 찾거나 추구하기에는 종종 방해가 되기도 한다.

그럼에도 불구하고 새로움을 추구하기 위해서는 먼저 익숙함에서 벗어나야 한다. 자신만의 스키마에서 벗어나 보는 것이다. 그리고 앞서 깍지를 반대로 껴 본 것과 같이 의도적으로 어색함을 느껴 봐야 한다.

여행은 일상에서의 익숙함에서 벗어나 볼 수 있는 방법 중 하나다. 일종의 물리적 환경을 바꿔보는 것인데 일상에서 무심코 지나쳤던 것들이 여행지에서는 유독 달리 보이고 새롭게 다가오는 경우가 많다.

여행이 부담스럽다면 즐겨 듣는 라디오나 TV 프로그램을 바꿔보는 것도 나쁘지 않다. 자신에게 익숙하지 않은 출연자와 콘텐츠 등을 접해보는 것만으로도 어색함을 느끼기에 충분하다. 이 밖에도 주변에서 스스로 익숙함을 벗어나 어색함을 느껴볼 수 있는 방법은 많다. 꼭 많은 시간과 비용이 있어야만 하는 것도 아니다.

이에 더해 의도적으로 어색함을 찾아 즐겨봐야 한다. 새로움은 익숙함보다는 어색함에서 찾는 것이다.

question 098

나는 왜 허브가 되어야 하는가?

　정치, 경제, 교육, 문화, 스포츠 등 각 분야별로 해당 조직이나 하고 있는 일 또는 지역의 위상을 표현하는 수식어 중 하나는 '메카(mecca)'라고 할 수 있다. 메카는 종교적 의미도 있지만 일반적으로는 어떤 분야의 중심이나 중심지를 뜻한다. 그래서인지 개인이나 개인이 속한 조직에 메카라는 수식어가 붙는다면 상당한 자부심과 자긍심을 갖게 된다. 그리고 '~의 메카'라는 말을 들으면 무게감이 느껴지기도 하고 다시 한번 되돌아보게 된다.

　그런데 우리 주변에서는 메카라는 단어가 어울리지 않거나 실제와 다르게 과장되어 사용되는 경우도 종종 있다. 그것은 아마도 메카가 되고 싶은 소수 혹은 개인의 희망을 담았기 때문일 것이다. 각종 홍보물이나 소개 등에서 사용된 경우가 그렇다.

　그래서 메카라는 수식어가 적합하게 쓰이려면 조직의 내부나 소수의 개인에 의해 자의적으로 붙여지기보다는 조직의 외부 또는 다수의 인정을 통해 부여되어야 한다. 그리고 개인이든 조직이든 메카가 되기 위해서는 단어의 사전적 의미는 물론, 함의된 의미에 걸맞은 조건을 갖추어야 한다.

　한편 이 시대를 살고 있는 우리는 메카가 되는 것을 넘어 다른 것도 생각해 봐야 한다. 그것은 바로 허브(hub)가 되는 것이다. 허브는 메카와 비슷하게 중심지라는 의미를 지니고 있지만 메카와는 사뭇 다르다. 메카가 고정성이 강하다고 한다면 허브는 유연성이 강하다. 메카가 독립적이고 독보적이라고 한다면 허브는 관계적이고 상호적이다. 허브에는 연결과 분배 등과 같은 속성이 있다. 즉 허브가 된다는 것은 무엇인가가 오고 갈 수 있는 연결고리나 통로가 된다는 것이기도 하다.

　존 F. 케네디(John F. Kennedy), 인디라 간디(Indira Gandhi), 샤를 드 골(Charles-de-Gaulle). 한 번쯤 들어봤을 만한 이름들을 나열했다. 혹 이들의 공통점을 발견할 수 있을까?

　공통점 중 하나는 이 세 가지 모두 국제공항의 이름이며 또 하나의 공통점은 이들 모두가 각국의 허브 공항(Airline hub)이라는 것이다. 허브 공항은 다른 곳으로 이동하기 위한 환승이나 연결의 거점이 되는 공항으로서 밤낮없이 수많은 사람과 다양한 물류가 이동한다. 눈여겨봐야 할 점은 24시간 변화에 노출되어 있는 것은 물론, 변화에 익숙하고 새로움을 시도한다는 것이다.

　따라서 오늘날 새로움을 추구하거나 성장을 원한다면 허브 공항과 같이 개인과 조직 모두 허브로서의 기능을 발휘하고 역할을 수행할 수 있어야 한다.

허브가 되어야 하는 배경에는 이미 우리 생활에 자리 잡고 밀접하게 다가와 있는 참여, 개방, 공유, 연결 등과 같은 키워드가 있다. 융·복합이나 창의성, 집단 지성 등도 포함된다. 이와 함께 수많은 개인의 지식과 경험, 아이디어가 오가는 것을 넘어 이러한 것들이 비선형적으로 연결되는 시대에 살고 있다는 것도 간과할 수 없다.

지금까지는 특정 분야에서 메카가 되는 것만으로도 충분했다. 그러나 더 이상 메카만으로는 매력적이지 않다. 개인과 조직 모두 메카를 넘어 허브가 될 때, 즉 사람이 오가고 지식이 오가고 경험이 오갈 수 있도록 만들었을 때 경쟁력이 생기고 발전을 기대해 볼 수 있다.

question _____ 099

나는 누구의 롤 모델인가?

심상가(imagery value)가 높은 단어들이 있다. 직접 실물을 보지 않더라도 머릿속에 그림이 그려지는 단어들이다. 예를 들면 컵, 연필, 토끼, 장미, 비행기 등이다. 반면 심상가가 낮은 단어들도 있는데 이는 머릿속에 잘 그려지지 않기도 하거니와 사람마다 그리는 그림에도 차이가 있다. 이를테면 열심, 최선, 노력 등과 같은 단어들이다.

심상가란 무엇인가를 듣거나 읽었을 때 그 즉시 마음이나 머릿속에 떠오르는 정도를 의미한다. 그래서 심상가가 높은 단어들은 비교적 구체적이지만 그렇지 않은 단어들은 상대적으로 추상적인 경우가 많다.

이러한 심상가는 비단 단어들에게만 적용되는 것은 아니다. 사람에게도 심상가가 있다. 어떤 사람을 떠올렸을 때 바로 접목되는 느낌이나 생각나는 이미지가 있다면 그 사람은 심상가가 높은 축에 속한다. 예를 들어 나이팅게일을 떠올리면 '백의의 천사', 마틴 루터

킹 목사를 떠올리면 '인권 운동가' 그리고 스티브 잡스를 떠올리면 '혁신' 등과 같은 이미지가 그 사람과 함께 연상되는 것이다. 이처럼 일반적으로 심상가가 높은 사람들은 우리가 잘 알고 있거나 익숙한 사람들이 많다.

그렇지만 심상가가 높은 사람들이 반드시 위인이나 유명인 혹은 특정 분야의 전문가 등에만 국한되는 것은 아니다. 일상에서도 자신이 하고 있는 일이나 추구하는 삶과 관련된 사람들 중 심상가가 높은 사람이 있다. 그들은 'OO 하면 누구'라고 할 수 있는 사람들이다.

만일 당신 주변에 이런 사람이 있다면 그 사람은 당신의 일이나 삶의 일부분에 있어 롤 모델(role model)이라는 표현을 써도 무방하다.

당신에게 이와 같은 롤 모델이 있다면 당신이 정한 목표를 향해 나아가는 데 있어 한층 수월하다. 목표에 대한 구체적인 이미지가 떠오르는 것은 물론, 그렇게 되기 위해 무엇을 어떻게 해야 하는지가 나름 명확하게 보이기 때문이다. 경우에 따라서는 타산지석(他山之石)으로 삼을 수도 있다.

그런데 주위를 살펴보면 생각만큼 자신의 일이나 삶에 있어 롤 모델을 갖고 있는 사람들이 많지는 않은 듯하다. 심지어 롤 모델이 없거나 찾지 못하는 경우도 있다.

그래서 이참에 자신의 롤 모델을 한 번 찾아보면 어떨까 싶다. 모든 면에서 완벽한 롤 모델을 찾는 것이 아니라면 당신이 찾는 롤 모델은 그리 멀지 않은 곳에 있을 수도 있다.

한발 더 나아간다면 스스로가 자신이 하고 있는 일이나 추구하는 삶의 롤 모델이 되어보기를 시도해 보는 것도 좋다. 누군가의 롤 모델이 된다는 것이 쉬운 일은 아니지만 그렇다고 해서 아예 불가능한 것도 아니다.

당신을 아는 사람들이 당신을 어떻게 떠올리면 좋을까를 생각해 보는 것이 출발점이다. 스스로가 롤 모델이 되어보겠다는 시도만으로도 어제와는 사뭇 달라진 생각과 행동을 하고 있는 자신을 발견하게 될 것이다.

question 100

나의 일에는 어떤 리듬이 있는가?

'탁탁탁, 탁탁탁', '탁탁 타다닥, 탁탁 타다닥'

이 소리는 듣는 사람에 따라 별 의미가 없는 의성어로 들릴 수도 있다.

그러나 요리사가 재료를 손질할 때 손에 쥔 칼과 재료가 놓인 도마 사이에서 나는 소리라고 생각해 보면 달리 들린다. 일종의 리듬(rhythm)이 느껴진다.

요리사의 경우 매일 손질해야 하는 식재료는 적지 않다. 물론 식재료를 손질하는 것도 생각보다 쉽지는 않다. 그럼에도 불구하고 숙련된 요리사들은 눈 깜짝할 사이에 그 일을 마친다. 심지어 힘들어 보이지도 않는다. 비결은 오랜 시간 동안 연습한 것도 있겠지만 그 일을 할 때 자신만의 리듬이 생겼기 때문이기도 하다.

비단 요리사뿐만이 아니다. 공부를 하는 학생도 그렇고 운동을 하는 선수도 그렇다. 직장에서 일을 하는 경우도 마찬가지다. 일시적인 일이 아니라 많은 기간 동안 자신이 맡은 일을 잘하고 있는 사람들은 요리사가 식재료를 손질하는 것과 같이 일종의 자신만의 리듬이 있다.

반면 리듬이 없거나 리듬을 타지 못하게 되면 어색하거나 불편한 상태에 처하게 되는 경우가 많다. 때로는 힘들기도 하다. 학생의 경우 학습 리듬을 타지 못하면 책상에 앉아 책을 펼치는 것부터 편치 않다. 집중력을 발휘하는 것도 쉽지 않고 지속성을 갖기도 어렵다. 일도 다르지 않다. 매너리즘에 빠지는 것, 흥미를 느끼지 못하는 것 그리고 열정이 식는 것은 자신의 일에 리듬이 없기 때문이기도 하다.

그렇다면 어떻게 리듬을 만들고 그 리듬을 탈 수 있을까? 먼저 자신만의 리듬을 만들기 위해서는 다양한 시도를 해 볼 필요가 있다.

시간적인 측면에서는 그동안 해왔던 일의 시간을 바꿔보는 것도 하나의 시도가 될 수 있다. 장소를 바꿔보는 것도 좋다. 그동안 특정 장소에서 했던 일이 있다면 시도해 보는 과정 중에서는 다른 장소에서 해보는 것이다. 또한 사용하던 도구나 소프트웨어가 있다면 이를 바꿔보는 것도 시도해 볼 수 있는 측면 중 하나다.

다양한 시도를 해 본 결과 자신에게 맞거나 이질감이 덜한 방법을 찾게 되면 이번에는 일정 기간 동안 반복해 보는 것이다. 리듬을 탄다는 것은 마치 우리가 호흡할 때 의식하지 않는 상태가 되는 것과 비슷하다.

이렇게 되기 위해서는 즉 숙련된 상태가 되기 위해서는 반복이 필수다. 처음에는 의식하면서 연습을 하겠지만 이 과정이 지속적으로 이루어지게 되면 의식하지 않더라도 숙련된 상태에 다다를 수 있다.

어떤 일이든 리듬을 타게 되면 자연스럽게 흘러간다. 리듬의 어원이 '흐른다'를 의미하는 그리스어 'rhythmos'에서 유래했다는 것을 보면 고개가 끄덕여진다.

리듬은 음악에서만 중요한 것이 아니다. 오히려 일상에서의 리듬이 더 중요할 수 있다. 당신이 하는 일에 리듬이 있다면 흥도 생긴다. 그러니 우선 당신의 일에 리듬을 찾고 타 보자.

question 101

나는 무엇을 만들고자 하는가?

어렸을 때 종이로 비행기를 접어서 날려 본 기억 하나쯤은 있을 것이다. 어디 비행기뿐이겠는가. 배도 만들어 보고 꽃이나 동물 등도 만들어 보았을 것이다. 조금 더 성장하면서 나무나 플라스틱 블록을 비롯한 다양한 재료를 이용해서 집이나 자동차, 로봇 등과 같은 다채로운 물건들을 만들기도 했다.

물론 종이나 나무, 플라스틱 등과 같은 가공된 재료가 없어도 문제없다. 흙이나 모래를 이용해서 성을 쌓기도 하고 그 위에 그림을 그리기도 했다. 물론 대부분의 경우 자신이 놀기 위해 스스로 만든 것이다.

오랜 시간 동안 생각하고 고민하고 즐기면서 만들다 보니 자신이 만든 것에 대한 애착도 강하다. 그래서 누군가 자신이 만든 것을 변경하거나 치우려고 하면 마음이 상하기도 한다. 다른 사람이 보기에는 미흡하고 조잡해 보일지언정 세상에 단 하나밖에 없는 나만의 결과물이기 때문이다.

하루가 지나고 다음 날이 되어서도 특별한 일이 없다면 자신만의 피조물을 만드는 일은 반복된다. 그것도 어제와는 다른 모양이나 색으로 만들어진다.

이렇듯 하루도 빠심없이 스스로 무엇인가를 만들고 놀면서 지내 왔지만 나이가 들면서 이와 같은 활동은 점차 사라지거나 그 빈도가 급격히 감소하게 된다.

더군다나 그때 만든 것은 스스로의 필요나 요구 혹은 의지에 따라 만들었지만 성인이 되면서 만드는 것은 그렇지 못한 경우도 많다. 개인보다는 사회적 환경이나 조직에서의 요구 등에 의해 만들게 되는 것이 많아지기 때문이다. 그러다 보니 무엇인가를 만들 때 자발성이나 주도성이 상대적으로 부족하다고 느껴지는 것은 어찌 보면 당연해 보이기도 한다.

그렇다면 어떻게 해야 예전처럼 자신이 만드는 것에 대해 애착을 갖고 그것을 만드는 과정에서 재미와 즐거움을 느낄 수 있을까?

일단 시도를 해보는 것이 그 시작점이 될 수 있다. 그것도 구체적인 계획이 세워지거나 모든 준비가 되었을 때가 아니라 머릿속에 떠오를 때 해보는 것이다. 일종의 프로토타입(prototype)을 만들어 보거나 파일럿 테스트(pilot test)를 하는 것이다.

이렇게 하면 최종 결과물에 대한 심적인 부담이 절감되는 것은 물론, 진행 과정에서 수정 또는 개선에 대한 생각이나 의견으로부터도 자유로워진다. 그야말로 무엇인가를 만드는 것에 대해 즐길 수 있는 상태가 되는 것이다. 그리고 이 상태가 되면 처음에는 생각지도 못한 참신한 아이디어를 얻거나 의미를 찾을 수도 있다.

반드시 눈에 보이고 손에 잡혀야 하는 것만 만들어야 하는 것은 아니다. 대신 무엇이든 스스로 만들어 볼 필요는 있다. 그 과정에서 자신이 만든 것에 대한 애착이 형성되기 때문이다. 애착은 발전을 낳는다.

앞으로 당신은 무엇을 만들고 싶은가? 만들고 싶은 것이 있다면 머뭇거리기보다는 한발 먼저 내디뎌 보았으면 한다. 그 발이 닿는 곳으로 머리와 가슴은 자연스럽게 따라가게 된다.

Epilogue

『리더와 팔로워를 위한 질문 101』은 4년이 넘는 기간 동안 아시아 앤(AsiaN)에 게재되었던 필자의 칼럼 '김희봉의 21세기형 인재'를 부분적으로 수정하고 보완해서 엮은 책이다.

칼럼의 명칭에서도 알 수 있듯이 이 책은 필자가 생각하는 인재에 대한 생각과 기대를 담고 있다. 그러다 보니 곳곳에 지극히 주관적인 표현이나 주장이 묻어나 있어 경우에 따라서는 공감되지 않을 수도 있다. 또한 저마다 처한 상황이 달라 일반화하기 어려울 수도 있다.

그럼에도 불구하고 이 시대의 인재상에 대해 이야기하는 것은 여전히 우리 사회와 조직은 인재를 필요로 하고 있으며 인재는 타고난다기보다는 육성되고 개발된다는 것을 믿고 지지하기 때문이다. 『리더와 팔로워를 위한 질문 101』은 이런 생각에서 비롯되었다.

이 책의 시작은 인연이다. 20여 년 전, 당시 한겨레신문 기자와 육군 초급장교였던 필자와의 첫 만남이 있었기에 지금의 『리더와 팔로워를 위한 질문 101』이 나오게 되었다. 그러고 보면 한 사람, 한 사람 소중하지 않은 만남은 없다는 것을 다시 한번 실감하게 된다.

이 책의 내용은 일상에서의 관심과 성찰에서 비롯되었다. 주변에서 스치고 지나갈 수 있는 일과 뻔히 알고 있는 것에 대해 인재라는 렌즈를 끼워 다시 바라본 것이다. 이렇게 바라본 바로는 특별한 사람이 인재가 되는 것이 아니라 인재가 되면 특별한 사람이 되는 것 같다. 그래서 인재로 성장하는 과정 속에서 한 번쯤은 짚고 넘어갔으면 하는 내용을 나누고자 했다.

한편 이 책은 자신의 삶과 대인관계 그리고 지금 하고 있는 일의 변곡점이나 갈림길에 서있는 이들에게 어디를 향해야 하는지를 대략적으로 알려주는 표지판으로서의 역할을 했으면 한다. 그래서 이 책의 내용 중 단 한 단락 혹은 한 문장일지라도 독자들의 공감과 시도를 이끌어낼 수 있다면 그것만으로도 필자에게는 큰 의미가 있다.

끝으로 『리더와 팔로워를 위한 질문 101』이 세상에 나오기까지 도움과 지원을 아끼지 않은 학문적, 사회적, 관계적 그리고 정서적 스승님들께 감사드린다. 일일이 기록할 수 없을 정도로 많아 지면에 남기지는 못했지만 필자의 삶에 각인되어 남아 있음을 고백하며 글을 마친다.

이 책을 먼저 접한 분들이 전하는 글

아시아 엔(Asia N)에 게재된 '김희봉의 21세기형 인재'라는 칼럼을 읽으면서 보다 많은 사람들이 칼럼 내용을 공유하길 바랐는데 드디어 칼럼 내용을 수정·보완하여 『리더와 팔로워를 위한 질문 101』이라는 책으로 발간되었다. 이 책은 학자로서만이 아니라 저자의 다양한 조직생활 경험 및 사례 등을 바탕으로 리더로서 자신을 어떻게 바라볼 것인지, 다른 사람들과의 관계는 어떻게 만들어 갈 것인지, 그리고 일을 성공적으로 수행하기 위해서는 어떻게 할 것인지를 기술하고 있다. 저자가 이 책에서 제시하고 있는 사람과 일에 대한 새로운 관점들은 각계각층의 리더들이 당면하는 다양한 리더십 문제를 해결하는 데 도움을 줄 것이다.

최병순 (前)석좌교수 / 동국대 경영전문대학원

이 책은 김희봉 박사가 HRD와 리더십을 연구하고, 20여 년 동안 군, 대학, 컨설팅, 대기업 등의 조직에서의 경험을 바탕으로 개인으로서 그리고, 조직인으로서 가져야 할 기본에 대한 생각을 정리한 것이다. 자기 자신, 사람들과의 관계, 그리고 자신이 하는 일을 어떻게 바라보아야 할 것인가에 대한 필자의 경험과 생각을 보여주고 독자들에게 생각의 단초를 제공해 주고 있다. 우리의 일상에서 쉽게 지나쳐 버릴 수 있는 사소한 일에 대해서도 필자 특유의 감수성을 발휘하여 교훈을 찾아내며, 생각을 나눌 수 있는 화두를 던져주고 있다. 가치 체계가 근본에서부터 흔들리고 변화의 방향을 전혀 예측할 수 없는 혼돈의 시대에 기본과 원칙을 돌아보게 만드는 책이다.

김기태 교수 / 상명대학교, (前)대한리더십학회장

『리더와 팔로워를 위한 질문 101』에는 필자의 직·간접적인 경험과 사례는 물론, 객관적인 사실 등을 기반으로 스스로 자신을 어떻게 바라봐야 하는지, 사람들과는 어떤 관계를 형성해 나갈 것인지 그리고 자신이 하는 일에 대해서는 어떻게 접근해야 하는지에 대한 다양한 생각들이 담겨 있다. 따라서 자신의 삶에 갑자기 들이닥친 응급상황에 대한 처치는 물론 근본적인 치료를 할 수 있는 의지와 능력이 인생의 여정에 절대적으로 필요하다. 이를 위해 이 책은 독자들에게 자신의 삶, 관계, 일 등에서 일시적인 응급처치는 물론, 근본적인 치료를 위한 계기를 마련해 줌으로써 삶의 질을 풍성하게 해 줄 것으로 크게 기대한다.

신종우 교수 / 신한대학교, (사)미래융합교육학회 이사장

리더십과 인적자원개발을 전공한 저자의 이력은 삶에서 인간의 중요성을 무엇보다도 우선적 가치로 여기며, 조직과 사회생활의 경험을 통해 이러한 가치를 구현해가며 살아왔다고 본다. 『리더와 팔로워를 위한 질문 101』은 이러한 저자의 평소 삶과 인간에 대한 태도와 가치관이 조직과 현실 생활 속의 체험과 어우러져서 책으로 완성될 수 있었다. 현대인들의 조직생활에서 나타나는 인간의 소외 현상이 오늘날 인간이 직면하고 있는 문제점이다. 조직의 목적을 달성하고 경쟁에서 승리하고자 하는 현대인의 생활 방식은 자칫 인간성 상실의 우울감을 수반할 수 있다. 이런 면에서 저자가 제시한 삶과 자신, 조직 및 관계에 대한 자세는 오늘을 사는 우리에게 큰 울림과 영향을 미칠 수 있다.

김오현 교수 / 성신여자대학교

책 전반에 걸쳐 잘 산다는 게 어떤 것인지 삶의 바른 길에 대하여 진지하게 묻고 또 답해 온 저자의 모습이 그려졌다. 이 책은 자신, 관계, 일에 대한 관점을 다루고 있었는데 전체적으로 '리더'를 이야기하고 있다. 저자는 자기 인식과 용기로 고백할 수 있는 사람, 신뢰와 실행력으로 제 역할을 감당하는 팔로워, 행복을 주는 사람, 숨은 장점을 보고 비추는 사람, 팔로워를 돋보이게 만드는 사람을 리더라고 말한다. 그렇다. 위치가 아닌 기능이 리더를 만든다. 이 책의 도입부에서 저자가 표현한 대로 이 책은 자기 자신과 타인 그리고 일과 관련된 일종의 응급처치 키트(kit)로서 적절하다고 생각한다. 모든 상황, 누구에게나 필요하지는 않더라도 언젠가 누군가에게는 생명을 살리고 삶을 세우는 중요한 처치가 되어 소중한 출발을 도울 것이라고 기대해 본다.

박희태 교수 / 동아대학교

이 책은 구성과 깊이에서 기존의 리더십이나 HRD 책들과는 사뭇 다르다. 저자는 더 나은 인재가 되고 싶은 이들에게 101편의 짧지만 울림이 있는 이야기들을 선물한다. 기본이나 입문을 의미하는 '101'이라는 숫자를 사용했으니 '인재학 원론'과 같은 책이라 할까. 자신의 삶, 관계, 일에 대한 101편의 소중한 글들은 맛난 음식처럼 느껴진다. 각각의 음식에는 깊은 풍미가 배어 있어 요리사의 정성과 실력을 느낄 수 있다. 이 책은 나도 리더가 될 수 있고 더 나은 인재가 될 수 있다는 영감을 심어주는 책이다. 저자가 4년이 넘는 시간 동안 정성껏 달여 낸 보약과 같은 글들을 읽다 보면 독자들은 이 책을 통해 미래의 리더로 성장하는 소중한 계기를 만들게 될 것이다.

이민수 교수 / 육군사관학교, (前)전육군사관학교 리더십센터장이 시대를 함께 살아가는 사람들이 반드시 한 번쯤은 읽어 보고 저자가 제시하는 질문에 대해 스스로 답을 해 보았으면 좋겠다. 이 책은 자신이 속한 조직의 유형이나 하고 있는 일에 관계없이 삶의 주체이자 더불어 사는 사람으로서 생각해 봐야 할 내용들로 채워져 있다. 조직의 리더들이라면 그야말로 더 늦기 전에 자기 자신에게 던져 봐야 할 질문과 생각들이다. 이제 막 사회생활을 시작하는 출발점에 서 있다면 이 책은 좋은 안내자가 될 것이다. 무엇(what)을 어떻게(how)보다는 왜(why)에 대한 이야기이기 때문이다.

차인규 원장 / (前)현대자동차그룹 인재개발원

"당신은 당신이 하고 있는 일의 주인인가?", "당신은 어떤 시간에 살고 있는가?", "당신은 본능을 이겨내는가?", "당신의 삶에는 도전이 있는가?", "당신은 신뢰할 수 있는 사람인가?", "당신은 지금도 학습하는가?" 이 책은 평소에 우리가 잊고 사는 평범하면서도 꼭 필요한 질문을 많이 해 준다. 그리고 잔잔한 목소리로 이야기를 들려준다. 그 속에서 많은 깨우침을 얻을 수 있다. 김희봉 박사는 교육공학과 리더십을 연구하고 다양한 조직에서 삶에 대해 경험하고 성찰한 주옥같은 내용을 이 책에 담았다. 미래를 준비하는 젊은이는 물론, 경험이 많은 세대에게도 인생을 다시 생각하게 해주는 좋은 안내서이다.

윤경로 원장 / 글로벌 인재경영원, (前)DuPont 아시아본부 인사담당 부사장

최근 기업 HR 컨설팅의 가장 큰 화두는 디지털이다. 사전적 해석을 해보자면 조직과 직원의 관계, 그리고 개인의 성과 등을 0과 1인 최소 단위로 구분하고, 효율성과 혁신을 꾀하는 활동일 것이다. 하지만 손목에 찬 핏비트(Fitbit)가 내 마음의 상처를 알지 못하듯이 디지털 세상이 인간으로서의 직원을 이야기해 줄 수는 없을 것이다. 『리더와 팔로워를 위한 질문 101』이라는 책이 청량감을 주는 이유는 기계와 인간의 사이에서 잔잔한 시선으로 근원적 질문을 던지고 있기 때문이다. 이 책을 다 보고 나면 0과 1로 구성된 직원이 아니라 존엄성을 갖춘 인간으로서의 직원을 느끼게 된다. 그리고 그 인간을 움직이는 힘 또한 내재적 동기에 있음을 확인하게 된다.

김덕중 소장 / ㈜퍼브AI연구소

좋은 책이란 쉬운 언어로 누구나 한번쯤 생각해 봤을 이야기를 완전히 자신의 것을 만들어 삶을 변화시키는 글일 것이다. 『리더와 팔로워를 위한 질문 101』은 이미 알고 있는 듯한 익숙한 이야기들로 구성돼 있으나 밑줄 그어 여러 번 곱씹게 되는 메시지들로 가득 차 있다. 읽다 보면 마음속에서 파장이 일어나고 일상에 변화가 일어나는 책. 저자의 품성이 고스란히 묻어나는 책. '내 인생의 리더'로 성장하고픈 당신에게 추천한다.

이재은 대표 / 여자라이프스쿨, 교육공학박사

저자는 일상에서의 친숙한 내용과 익히 알려진 개념을 통해 우리가 미처 깨닫지 못한 개인의 삶에 자극을 주는 방법을 제시해 주고 있다. 아울러 각각의 테마별 스스로에게 질문하고 생각할 수 있는 계기를 마련해줌으로써 자신을 되돌아볼 수 있게 만들어 주기도 한다. 저자가 제시한 질문과 내용을 읽다 보면 '아, 그렇지.', '맞아, 그런데 나는?' 등과 같은 생각이 뇌리를 스친다. 저자의 표현대로 더 늦기 전에 던져보는 101가지 질문들을 접하고 나면 남녀노소 할 것 없이 뒤돌아서 후회할 일들을 상당 부분 줄일 수 있을 것이다. 그런 의미에서 이 책의 일독을 권한다.

박지훈 변호사 / 대한변호사협회 이사, 방송인

김희봉 박사는 언제나 산과 같이 변함없는 한결같은 모습으로 지난 20년간 나에게 감동과 좋은 영향력을 주시는 분이다. 저자의 책 『리더와 팔로워를 위한 질문 101』의 리뷰를 쓴다는 것 자체로도 나에게는 매우 영광스러운 일이며 이 책을 통해서 긍정적인 에너지를 받을 수 있게 되어 다시 한번 감사함을 느낀다. 이 책은 나에게 첫 출근과 같은 두근거림, 성과에 대한 도전과 목표 의식, 그리고 과정의 즐거움과 환경의 어우러짐을 통해 감탄사와 마침표로 정리되는 인간관계, 업무 그리고 나 자신에 대해 다시 한번 생각하게 되는 계기를 마련해 준다. 또한 짧은 칼럼 형식의 이야기로 21세기 변화에 대한 생각과 낙관적이고 실천 가능한 방법을 제시함으로써 그 여운이 오래 기억된다. 새로운 변화에 대한 적응, 긍정적인 성장에 대한 열망이 필요한 분들에게 추천하고 싶은 책이다.

오승만 / 공인회계사

혼자의 시대. 우리는 위로받을 여유가 없다. 혼밥, 혼술, 혼영화에 제법 익숙해졌다고 하더라도 가끔씩은 지친 어깨를 툭툭 쳐주는 누군가가 간절한 순간이 있다. 업무 중의 사소한 실수로 의기소침해지거나 맞닥뜨린 장애물을 어떻게 넘어가야 할지 막막한 순간, 내일이 막연하게만 느껴지는 새벽녘의 우리에게는 멘토가 필요하다. 김희봉 박사의 『리더와 팔로워를 위한 질문 101』은 네모 반듯하고 정갈하며 운치 있는 멘토이다. 선택의 기로에 서 있는 청춘에게 스스로 화살표를 구하는 방법을 알려주고 이따금씩 주변에 귀 기울이고 교감하며 새로운 신호를 읽어내는 삶의 재미를 전해주기도 한다. 늘 곁에 두고 버릇처럼 꺼내어 보면 지하철에도, 침대 머리맡에도, 어쩌면 모든 시선 끝에 당신만을 위한 21세기형 멘토가 우뚝 서 있을 것이다.

반문진 연구원 / 한국 청년 기업가정신 재단

디지털 기술이 기업과 개인, 국가 경쟁력의 핵심이 된 시대에 이 책은 인간 본연의 중요성에 대해 강조를 한다. 자신에 대한 질문, 관계에 대한 질문, 그리고 이러한 인간에 대한 이해를 바탕으로 일에 대한 질문으로 정립하는 전개는 디지털 트랜스포메이션 시대를 살고 있는 우리에게 가장 중요하면서도 간과하기 쉬운 근본적인 질문일 것이다. 그리고 이러한 질문에 대한 해답을 군, 대학, 컨설팅, 대기업 등 다양한 분야에서 HRD와 리더십에 대해 연구한 저자가 명쾌하게 제시해 주고 있다.

박종민 부연구위원 / 국가과학기술인력개발원 미래정책기획실이 책은 먼저 HRD와 리더십 등에 관심 있는 분들에게 추천한다. 인적자원으로서 역량을 향상시키고 리더십을 갖추기 위해서는 자기 성찰, 타인과의 관계, 그리고 일에 대해 어떤 태도를 갖는지가 매우 중요하다. 이 책은 이를 위해 고민하고 토론할 화두를 풍부한 사례와 함께 제공해 준다. 이어서, 교사와 학부모 그리고 학생들에게 추천한다. 앞만 보고 달려가는 학생 또는 어디로 갈지 몰라서 주저하는 학생들이 있다면 이 책은 '우리가 왜 살아가는지', '어떻게 살아가야 하는지' 그리고 '무엇을 하며 살아가야 하는지'에 대해 진지하게 고민하고 토론할 수 있는 주제와 아이디어를 풍성하게 제공하고 있다. 아이들과 함께 읽고 이야기하기에 좋은 책이다.

김일환 장학관 / 세종특별자치시 교육청

한 미래학자의 연구 결과에 따르면 인류가 가진 지식의 총량이 두 배로 증가하는 데 소요되는 기간이 앞으로 최대 12시간으로 단축될 것이라고 한다. 이는 우리가 맞이하게 될 미래가 어떤 얼굴을 하고 있을지 미래학자들조차 명확하게 이야기하기 어려운 시대를 살고 있다는 의미이다. 급변하는 시대와 사회의 흐름 속에서 더욱 그 중요성이 강조되고 있는 자아 성찰, 관계 맺기, 일의 의미 등을 고민하는 작업은 비단 한 개인의 성장을 넘어 사회의 생존 문제와 직결되는 시대적 요청이기도 하다. 저자의 풍부한 배경지식과 살아 있는 경험에서 잉태한 메시지가 독자들과 우리 사회에 절실하게 다가오는 것은 결코 우연이 아니다. 마지막 장을 덮는 순간, 우리는 이 책을 읽기 전과는 다른 새로운 자신과 삶을 마주하게 되리라 믿는다.

김형중 교감 / 한민고등학교

김희봉 박사의 글은 진실하고 신실하다. 그의 삶의 태도가 진실하고 신실하기 때문이다. 김희봉 박사의 글은 통찰과 예지력이 있다. 사물과 사건을 뚫어지게 바라보는 습관 때문이다. 김희봉 박사의 글은 꼭 필요한 정보를 담고 있다. 그는 사람들에게 필요한 지식이 뭔지 잘 알기 때문이다. 김희봉 박사의 글은 누구나 쉽게 읽을 수 있다. 그는 청년 시절 공보장교를 하며 혹독한 글쓰기를 익혔기 때문이다. 지난 25년간 그를 옆에서 지켜본 보람을 이렇게 『리더와 팔로워를 위한 질문 101』이라는 책을 통해 독자들과 나누게 돼 너무 기쁘다.

이상기 아시아엔·매거진N 발행인 / 아시아기자협회 창립회장

리더와 팔로워를 위한 질문 101

초판 1쇄 발행 2025년 6월 29일

지은이 김희봉
편집 김혜정

펴낸 곳 도서출판 인테그로
등록 제025-000074호
주소 경기도 성남시 분당구 성남대로 916번길 11, 글라스타워 5층 이든비즈
전화 031. 705. 8680
이메일 integrobooks@naver.com
ISBN 979-11-9928-190-5 03320

*이 책은 『휴먼웨어 101, 더 늦기 전에 던져보는 질문 / 라온북스 / 2019.10.06』의 개정판입니다.
*이 책은 저작권법에 따라 보호를 받는 저작물이므로 무단 전재와 무단 복제를 금합니다.
*책값은 뒤표지에 있습니다. 잘못된 책은 구입하신 서점에서 바꾸어 드립니다.